NAGASAKI WORK STYLE

ナガサキでの働き方22

就職は人生の大きなターニングポイントです。それだけ大切な決めごとですから、後悔のないよう、さまざまな角度から情報を集めて決定に役立てなければいけません。とはいえ今どきは、就職が内定すると同時に転職サイトに登録する人も出現する「大転職時代」でもあります。

一方で、仕事の働きがいを、仕事の質や給料だけでなく職場環境のよさやプライベートの充実とのバランスで考える向きもあります。大都市の生活、地方の生活。長いスパンで見たときどちらに重心をおいて進めていくのがよいのか。仕事と切っても切り離せない大きな問題です。

長崎市には、多くの優良企業が存在しており、中には全国や海外へと進出している会社、専門性を高めて独走している会社もあります。そこでは多くの若者が活躍し、次世代を担う力として期待されています。しかしその先の将来の担い手である学生に、その思いが届いているかといえば、情報発信という意味では、必ずしも十分とはいえません。

そこで、若い力を必要としている長崎の企業をじっくり取材し、お話を伺いました。どのような社風で、何を目標にして、どこへ行こうとしてい

NAGASAKI WORK STYLE

るのか。社員の方には働きがいやプライベート、親との関係、そして結婚、子育てのこと。ライフステージの変化と折り合いをつけながら続けられる仕事の話など、社長や役員をはじめ社員の方に語っていただきました。そのほか、実際に長崎で働き始めた先輩たちの本音トークや、数字で見えてくるまちの魅力もまとめてみました。

　これからの就職活動や生き方のヒントが見つかるかもしれません。

CONTENTS

企業名50音順

1

CULTURE 〈文化〉

長崎を歩けばお宝にあたる

中国、東南アジア、ポルトガル、オランダ、そしてロシア、イギリス。400年にわたり海外との交流の記憶が残るまち、長崎。それは風物であったり祭りであったり、言葉であったり、建物やお墓であったり、猫のしっぽの先であったり。

寺町の渋めの甍とか明らかに違う、朱色の三門は中国寺、崇福寺。ちなみに、九州に5つある国宝のうち3つは長崎市にあり、そのうち2つは崇福寺の大雄宝殿と第一峰門(残りの1つは先日世界遺産となった大浦天主堂)。長崎を歩けばお宝にあたる。芥川龍之介も遠藤周作も、そして福山雅治もこのまちの空気に触れ、「名作」を生み出したのです。長崎に住むということは、日常的にその空気を吸って吐いて、体にしみこませることなのです。

長崎で暮らす愉しみ

CULTURE

4つのキーワード

2

GOOD TASTE 〈食〉

仕事終えたら、アレ!の誘惑

人間は美味しいものが大好きですが、特に女の子は甘いものが好き。食べるミルクセーキ、シースクリーム、桃カステラにびわゼリー。長崎は女の子の好きなものであふれています。

それにつきあう呑み助としては、鮮度抜群の魚がアテの一杯を楽しみに。

〝白い鉄火巻き〟、ねっとり濃厚な生ウニ、ふっくらアジの一夜干し、茂木エビの唐揚げとエンドレス。

辛党も甘党もドンと来いのメニューの多彩さは、どんなグルメも魅了します。だって、「このひと仕事が終わったら、アレ!」という存在は、働くためのモチベーションアップに欠かせませんから。

3

HISTORY 〈歴史〉

大人になったらもう一度修学旅行

例えばどうしてポルトガル人が長崎の港を気に入ったのか？　とか。それがどうして出島の閉じ込め策につながったのか？　とか。海を越えてやってきた交易品の箱の隙間に詰め込まれたシロツメ草が、全国に広がったクローバーの元なんだよ、とか。代わりに日本からの工芸品のまわりに詰め込まれた古紙に刷られた浮世絵が、ヨーロッパの浮世絵ブームの元になったんだよ、とか。本物の歴史は深くて濃くてエキサイティング。教科書に載らなかった物語をリアルに感じる体験を、次の週末に。その気になれば親しくなった仕事仲間と修学旅行のやり直しもできちゃう、それが長崎のいいところ。

HISTORY

4

NATURE〈自然〉

豊かな自然にふれてストレス知らず

毎日の仕事で煮詰まったとき、ふっと息を抜きたくて車でひとっ走り。するとたちまち海や山や緑や風や、青々としたじゃがいも畑に囲まれてリフレッシュできる環境があるのが長崎の地の利のよさ。人間ってわりとすぐ煮詰まる弱い生き物ですから、自分の逃げ場所、ストレスの捨て場所は確保しておきましょう。

山は登り放題、海も泳ぎ放題、魚は釣り放題で島も渡り放題。どこまでも続く砂浜を走りながら、わーっと、叫び放題とまいりましょう。すっきりしてまた来週からの仕事を迎え撃てば、効率もぐぐっと上がるしイノベーションな発想も期待できるってもんです。

―― 社会人1年生＋2年生、それぞれの4人4様 ――

長崎市内で働く社会人1年生と2年生、4人の方々にお集まりいただき、それぞれの仕事とプライベートを題材に本音トーク。Iターン、Uターン、そのまま地元就職と、4人のシチュエーションはさまざまですが、全員が長崎市での就職を選びました。どうして今、長崎で働いているのでしょう?

STYLE

|座談会|

わたしたちの NAGASAKI WORK

わたしは、これで長崎就職を決めました

吉福秀斗さん（以下吉福） 僕は今年度から長崎新聞社の営業部で働いています。愛媛大学でガラス工学の勉強をしていたバリバリの理系なんですよ。でも大学時代の居酒屋のバイトが楽しくて、いろんな職業の人に出会いたいと、就活はマスコミ系に絞っていましたね。最初は長崎に帰るつもりはなかったのですが、母親から「長崎新聞社も求人募集しているから受けてみたら？」とLINEでメッセージが入り、1社くらいは長崎も受けておくかと、軽い気持ちでした。でも最後の決め手になったのは高校の先生の「県外のいろいろな大学に行ってもいいけれど、最後は長崎に帰ってきて恩返しをしてほしい」という一言が、頭をよぎり……。いざ蓋を開けてみると、理系で新聞社を受ける人はあまりいませんでしたね。面接で「広告にも興味がありまして」と言ったので、営業部に配属されたのかもしれません。

今里綾香さん（以下今里） 私も社会人1年生で、この春から伊王島のエンターテインメントリゾート i+Land nagasaki（アイランドナガサキ）で働いています。出身は大村市です。高校のころはどちらかといえば長崎を出たいと考えていました。長崎純心大学で長崎のキリスト教の歴史を学んでいたとき、ゼミの先生からまちあるきの勉強をしてガイド※をやってみないかとお誘いがありました。それでガイドの活動を始めました。それまでは、長崎のこと何も知らなかったのですが、観光客目線で南山手の旧外国人居留地に立ち、『すごいなぁ、長崎にもこんな景色があったんだ！』と、だんだん長崎のことが好きになり、それで長崎で就職しました。

――そのときは迷いはなかった？ もう都会への憧れは消えていたのでしょうか。

今里 消えていましたね。高校生までは「長崎には何もない。東京に行けばいろんなことがあるだろう」と外に出たかったんです。でも長崎の街を案内するようになって、お客様が驚いたり喜んでいるのをみて、長崎の魅力を再認識しました。アイランドナガサキに就職してからは、近くの社宅から車で通っています。

今村優里さん（以下今村） 私も、大学は綾香と同じゼミで、もう一人の同級生と3人でガイドの活動をしていたんですよ。長崎市出身で長崎は好きだったのですが、ガイドをやってさらに大好きになりましたね。就職は一瞬、福岡に出てみたいなと思いましたけど。福岡くらいなら距離も近いし。

吉福 僕の友達もけっこう福岡で就職しています。

今村 はい。でもよくよく考えたら福岡で一人暮らしとなるとお金もかかる。大学から出ていればまだしも、今から就職して辛い状況で一人暮らしは無理だ、精神的にも金銭的にもきつくなるなと、思い直しました。

――今回インタビューした方々も言われていましたよ、若いときはみんなキラキラした都会に憧れるけれど、実態はけっこう孤独で辛いよと。

今村 だから、今は無事に長崎でがんばっておりまして(笑)、第一生命長崎支社の会計総務に配属されています。

塩澤湧斗さん（以下塩澤） みなさん社会人1年生、僕だけ2年生（笑）しかも一度就職してからの転職組です。長崎市の職員で、まちづくり部で働いています。出身は茨城県で。

一同 えっ!? どうしてまた？

塩澤 えーっと順番に説明しますね。茨城県の東海村というJCO臨界事故で放射能漏れが起こった村で18歳まで育って、北海道の北見工業大学を卒業後、最初の就職は東京の舗装会社で施工管理や、アスファルト合材の品質管理をしていました。そこは全国に支社があり、3カ月目に突然「明後日から君は長崎に行って。荷物はダンボール3箱にまとめてね」と言われ（笑）、

母に会いたくなったらすぐ実家に帰れるのが地元就職のいいところ

今里綾香さん

アイランド長崎
GR勤務

まちあるきガイドのキャリアが認められて、ホテルのオプションプランとして正式採用されることに。「しばらく遠ざかっていたので、また練習しなくちゃ！」

Ayaka Imazato

STYLE

諫早市に1年間。「今度は佐世保ね」で2カ月。また、諫早市に戻り2年間。次は埼玉に半年間（笑）。さすがにきついなと思い、市の公務員ならば大きな転勤はないだろうと公務員試験を受けて、長崎市役所に入りました。

今村　え、でもどうして長崎だったんですか？

塩澤　それは長崎がす……。

——ああ、長崎に彼女ができて？

塩澤　あー。うー。まあそうですね。まだ結婚はしていませんが。でも、長崎の人たちの人の良さというか、すごく面倒見がいいし、親切な方が多いでしょう？　それは衝撃的なものがありましたよ。

一同　うーん、なるほど～。

仕事はそう甘くない 疲れて寝落ちもしばしば

——お仕事の事を教えてください。今はまだ研修期間中？

今村　研修は終わりました。第一生命の場合、同期は230人以上いるんです。それで研修は4月の1カ月間、横浜で行われました。チームに分かれて課題をこなして競い合うような内容でしたね。同時に、研修中に複数ある資格試験「全員全科目100点」を目標に勉強もチームで協力して頑張りました。

今里　それで、あなたは何点？

今村　実は点数は知らされていないんです！（笑）

学生のうちのお金の勉強をしておくと、社会人になって心構えができます

吉福秀斗さん

長崎新聞社
営業局広告部
営業課勤務

「手相検定」3級。なので、そんなには見ることはできないのだが「会社で言っちゃった」がために、9月に行われる2級試験にチャレンジすることに。

Shuto Yoshifuku

今里　なーんだ（笑）。

今村　研修では、県外の友人がいっぱいできましたが、東京出身だからえらいとか、横浜だからすごいとかいうのはないし、長崎しか知らない私でもそれほど負けないな、と自信を持ちました。今の仕事は総務で会計担当です。長崎支社と長崎県内26の営業オフィスの経費や交通費の精算、有償資料の管理など支社全体の会計業務を担当しています。業務が幅広いため覚えることが多く毎日頭をフル回転させています。今特に緊張するのはオフィスに変更点を電話やメールでお伝えすることです。経費に関する書類は表記の方法がよく変更になるのですが…電話で話すことに慣れていないし、業務知識も全然ないのでしどろもどろで（笑）先輩に教えていただいたメモの通りに電話するので、それ以外のことを聞かれたり、上手く伝えきれないと、ますます焦っちゃって（笑）。しかし、みなさんお忙しい中優しく丁寧に対応してくださり、周りに支えられながら、なんとかこなしています。

塩澤　僕も怒られることが多いですね。今、長崎駅周辺は再整理事業で大きく変わろうとしており、僕はその整備室の企画係をやっています。

今村　あ、私の会社は駅のすぐそばで、窓からよく駅の工事が見えるんですよ。ブラインドを上げ下ろしする係りなので（笑）、見るたびに、あ、新しい柱が1本増えている！　と。

塩澤　長崎駅周辺再整理事業は複雑で、国が行う新幹線整備に合わせて、県が在来線を1階から2階レベルに上げる整備、長崎市が駅周辺の道路や広場の整備等を行っています。その一部として、市民の方と話し合う場（ワークショップ）を調整したり、新しく整備する広場に何が必要か検討したりする作業を行っています。その中で、長崎市の景観専門監である九州大学の高尾忠志准教授から定期的に助言を頂いており、私自身が理系なので図面を見ればだいたい想像がつくことでも、先生からは「（市民が見てもわからんよ）もっとわかりやすく作りなさい」とよく怒られます。同期は業務で覚えることが多いのに、僕の業務は覚えるよりも考えないと終わらない。いや、考えても終わらないんだけど（笑）。

吉福　長崎新聞社の場合は、最初の2週間は研修で全部の部署を一通り経験し、所属が決まります。僕は営業職として、レギュラーの広告主をいくつか担当しながら、その時期の企画モノの広告を集めてまわる仕事が主です。たとえば長崎くんちの小屋入りにあわせ

今村優里さん

第一生命
長崎支社
会計総務勤務

歓迎会で「趣味はガイドです。皆さんも長崎さるくしませんか？」と異色の新人デビュー。とはいえ、「次のガイドは涼しくなってからにしましょう」暑さに弱いのです。

Yuri Imamura

業務の電話はまだ慣れなくて、しどろもどろであせっちゃいます

て、踊町の紹介とともに掲載する企業や店舗をまわり、ご協賛をお願いするのです。興味を持って聞いてくれるご主人もいれば、「うちはあんまり関係ないんだよね」と、名刺をぷいっと……。

一同　えっ？　ぷいっと？

吉福　放り出されるなんてこともありますよ。正直、人間なんで、傷つきます（笑）。

一同　そりゃそうだ。

吉福　最初のころは断られたらすごく落ち込んで、会社に帰ろうかなと。ところが変な時間に会社にいると上司から「お前なんでこんな時間にここにおるとや。行ってこい」と外に出される（笑）。しょうがなくまた次にアタックして……。それを繰り返すうち、30軒めくらいから、だんだん切り替えできるようになりました。初めて広告が取れたときはすごく嬉しかったですね！

駅前の「かたおか」という中華料理店だったんですが。

塩澤　大黒町の自治会長さんですね。

吉福　はい、それ以降、あの界隈でお昼になったら、必ず特製ちゃんぽん食べてます。

今里　普通のちゃんぽんじゃなくて？

高い方の特製？

吉福　そう、お金いただいたところだから敬意を表して。それに本当に美味しいんです。

今里　私はアイランドナガサキのGR、ゲストリレーションとして働いています。

吉福　ゲストリレーションとは？

今里　ヨーロッパでいうコンシェルジュと同じ。フロントやインフォメーションカウンターで業務するのですが、伊王島のことや長崎の観光についてもお客様に聞かれます。ガイドの知識は偏っているので長崎の道路地図を買ってきては勉強しています。帰宅してからも勉強するのですが、疲れていると30分くらいで寝落ちします（笑）。

リフレッシュする方法も学生のうちから用意すべし

――みなさんがんばっていますね。お休みの日は、やっぱりゴロゴロ？

今村　長崎支社には県外出身の同期が多いんですが、「毎週土曜日は長崎観光の日」と決めて、私の案内で連れてまわってますよ。まずは出島と出島ワーフ、大浦天主堂も石橋からの斜行エレベーターを使って裏から下ってくるラクちんコースで。みんな「優里ちゃんと周ったら、長崎が2億倍楽しい（笑）」って言ってくれるから嬉しくて、また連れまわしちゃう。みんな、最初の赴任地が長崎でよかったと言っています。食べ物は美味しいし、人も優しいし、街はコンパクトだけれど意外と都会で、バスも路面電車もあって生活するのに困らないと。

塩澤　僕はゴルフが趣味で。長崎はいいゴルフ場多いんですよ。初めて行ったのは野母崎のゴルフクラブ。海風がすごくて球が変なところに飛んでいったのは僕の腕前の問題でしょう（笑）。でも目の前は海で軍艦島も見渡せて爽快です。琴海もいいゴルフ場がいっぱいあります。実家の茨城近郊のゴルフ場は山に囲まれていて閉塞感があるので、長崎に来たらゴルフをやらなくちゃもったいない。あとは麺類が好きなので食べ歩きですね。江戸町に「ぱぴこ」というつけ麺屋さんがあって、そこはIHでつけ汁を温めて食べるので美味しいんですよ。

今里　私は翌日が休みのときは大村の実家に帰ります。親に会いたくなった

らすぐ帰れるのは地元就職のいいところですね。母と仲が良いので、手料理を食べるのが楽しみなんです。冷製のスパゲティサラダが得意です。

吉福　オッ…シャレー（笑）。

今里　実はそれは母が高校生のころに通ったお店の名物らしいのです。浜町の「Ｊａｍ」というサラダ専門店で、先日、初めて母に連れて行ってもらいました。うちの味とはまた違った美味しさでした。

吉福　誰かが言った言葉なのですが、「一日休養、一日教養」。営業って、月～金曜は精神的に追い込まれるのですが、土日が確実に休める利点があります。記者はそうはいきません。休みでも呼び出されて、そのうち救急車の音で目が覚めちゃうらしいです。それで僕の場合は土曜日に録り貯めたテレビを見たり、靴を磨いたり。日曜日は英語のＴＯＥＩＣやシステム系のＩＴパスポート、マイクロソフトの検定の勉強をします。

――最後に、今、学生生活を送っている皆さんへ、先輩として一言アドバイス「とにかく今のうちにしておくこと」。

塩澤　とにかく今のうちに…遊んでおきましょう。仕事をしていると遊ぶ時間が一番なくなっちゃう。転勤ともなれば行きつけの店にも行けなくなるし。

今里　仕事は最初慣れるまでは追い込まれたり、けっこう煮詰まることもあります。リラックスして切り替えられる何かを身につけて。私の場合は学生のころから映画のサントラが好きで、それを大音量で流しながら筋トレやってます（笑）。

今村　とにかくネタになる体験を積んでおくこと。私は話すことが苦手なんですが、ネタがあればどうにかごまかせます。まちあるきのガイドもそうだし、アルバイトも、部活も。

塩澤　ちなみに高校の部活は何だったの？

今村　ライフル射撃でけっこう強かったんですよ。

一同　おおお～！　ネタや～！

吉福　僕は、学生のうちにお金の勉強をしておくことをお勧めします。企業に入るとたくさん稼がないといけないし、コスト意識も全く違ってきますよね。給料の税金なんか入社して最初の給料が何も引かれてなくて。

今村　あぁ、額面どおりですね。

吉福　「やったー、けっこう貯められるじゃん」と喜んでいたら、翌月からがっつり税金や何やかやが引かれてがっくり（笑）。

今村　そうです。それがまさに私が担当している仕事なんです（笑）。

吉福　お金に関する知識は就活の面接でも聞かれるんじゃないかな。付け焼刃は効かないので、時間のあるうちに学んでおくことです。

――社会に出ると、視野が広がるんですね。今日は皆さんありがとうございました。

今後とも長崎でのご活躍、期待してます！

茨城出身、長崎の人の人の良さと面倒見の良さは衝撃でした

塩澤湧斗さん

長崎市まちづくり部
長崎駅周辺整備室
企画係勤務

弁当男子。最近レパートリーに加わった料理は名古屋名物「世界の山ちゃん」風の手羽先のから揚げだとか。

Yuto Shiozawa

※「長崎さるく博'06」の市民プロデューサーで作ったまち歩き団体「NPO法人長崎コンプラドール」がプロデュースした大学生ガイドプロジェクト。今里さんや今村さんはその一期生「コンプラ・シスターズ」として、長崎を訪れた方々に長崎のキリスト教の歴史を中心にご案内し、大変な評判になりました。活動はすっかり定着し、今や二期生を中心に大浦天主堂周辺や26聖人記念館周辺のオリジナルコースが定番化しています。学生ガイドは今後も募集中だそうです。

長崎コンプラドール
メール／compradore@mxa.cncm.ne.jp

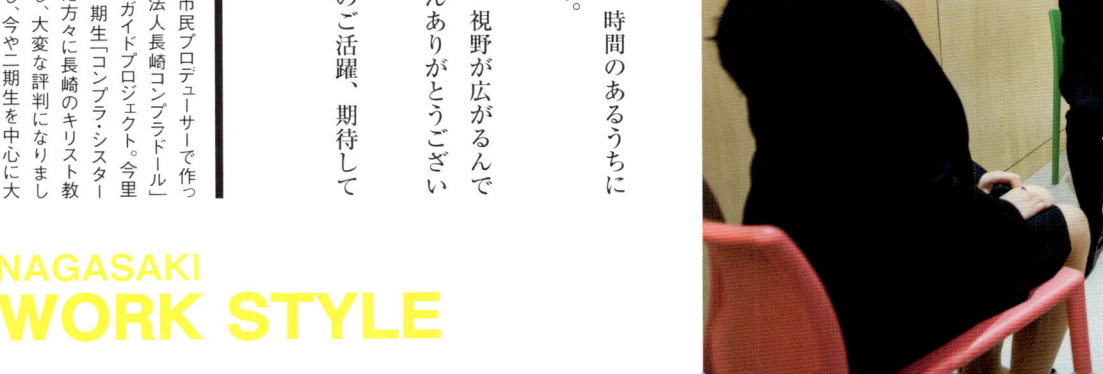

IG会計グループ

世の中から倒産による悲劇をなくしたい 未来志向のサービスで経営者に寄り添う AIに取って変わられない職業会計人とは？

PROFILE

岩永經世さん

IG会計グループ代表

1948年長崎県生まれ。1974年早稲田大学大学院商学研究科修了。1984年に長崎で開業以来、「職業会計人は中小企業のゴーイングコンサーンを支える"社会的インフラ"」をモットーに経営計画の支援業務の策定をサポート。IG会計グループとして長崎・兵庫（明石）・宮崎（日向）に全11社あり。2014年には会計事務所ネットワークとなる株式会社日本BIGネットワーク（東京）を設立、代表取締役に就任。

毎月のように他県から同業者が見学にくる会計事務所があります。先進的な会計を実践し、会社経営の書籍も出版したIG会計グループの岩永經世代表にお話を聞きました。

「私どもの事務所は税務を中心とした税務会計、会計をベースとしたコンサルティングの二本柱です。従来の会計は過去の結果をまとめて決算を組んで税務申告をするための『過去会計』。当社が20数年前から実践しているのは、経営者の意思決定に役立つ会計を体系化してサービスするもので『未来会計』と名付けています。例えば新規事業をやりたいとします。その資金は銀行から借りるわけですが、先行投資などコストに見合うだけの利益が上がるのか事前にリスク計算します」

従来の会計事務所はそこまでは…。

「踏み込みませんね。実際、中小企業の7割は赤字といわれ、苦しんで

アイジータックス税理士法人（IG会計グループ）
長崎県長崎市元船町14-10　橋本商会ビル4F
TEL.095-826-1311（代表）
https://ig-mas.gr.jp
■設立／1984年6月（2007年10月法人成）
■代表／岩永經世
■資本金／3,360万円
■社員数／45名
　うち正社員41名（男性26名、女性15名）
■初任給／年俸制288万円〜（新卒:有資格者優遇）
■休日休暇／土・日・祝日（1年単位の変形労働制採用）、お盆・年末年始・慶弔
■福利厚生／各種社会保険（健康保険・厚生年金・雇用保険・労災保険）親睦会（年2回）、社員旅行（海外:年1回）
▼インターンシップ受け入れ／有り
▼大学生アルバイト受け入れ／有り
▼採用担当者連絡先
TEL.095-826-1311（金子）
kaneko@ig-mas.gr.jp

岩永代表が上梓した書籍『社長、経営はぜんぶ逆算でやりましょう』（あさ出版）。未来会計がわかりやすく解説されています。

橋本商会ビルのワンフロアを占めるオフィス。しかし顧客機密保持のため、一般の立ち入りを制限するフロアと、応接スペースがきっちり分かれています。

います。多くの倒産の悲劇を見てきた私は、世の中から倒産をなくしたい。未来会計では、社長の思いやあるべき姿をヒアリングし、決算書を検討し、数字のプロとして現状分析します。するとギャップが明らかになるので手立てが考えられ、赤字を黒字にするお手伝いができるのです。従来の税理士や会計士のスキルは、早晩AIに取って代わられるでしょう。しかし経営計画の作成はマンツーマンのコミュニケーション能力も必要で、AIでは無理です。会計士も税理士も社会のインフラですから世の中の進化に貢献できる力がある。経済学や会計学を学んだ学生さんは、ぜひ自信を持って門戸を叩いてほしいですね」

独自の人材育成システムもあるとか。

「IG式目標管理システムといい、合宿で部門ごとの1年間の指針や目標とともに、個人目標を作ります。1年後のあるべき姿がはっきりしたら、それを1カ月ごと、1週間ごとにチェックして個人が自己管理をしていきます。また、年に1度は社員全員で海外研修も実施していますよ。現地では自由に行動して大いに見聞を広めてもらいます」

会計事務所とは、未来の世の中を変える仕事なのですね。

IG会計グループ

知識を仕入れ、知恵として提供する経営者に寄り添える存在になりたい

「学生の頃のイメージは、社長は成功者という単純なものでした。しかしこの仕事を通して知った経営者の方々は、顧客、取引先、社員やその家族への責任と重圧の中で懸命に経営をされていました」と語るのは、ＩＧ会計グループの中の「アイジータックス税理士法人」に勤務する冨川竜一郎さん。取引先の毎月の監査や決算に関わり、計画作成業務にも携わりながら税理士資格取得を目指す27歳です。東彼杵郡川棚町の出身。県外に出る友人を見送りながら「長崎が元気になるような仕事をしたい」と思っていたそうです。

「学生の頃は漠然と会社を経営して活性化したいと思っていました。しかしこの会社を知り、未来会計でお客様の夢が実現できるな

「先輩社員の中には、外国法人に強い人、相続税に詳しい人など、それぞれ得意分野や得意業種を持っている人もいます。私はまだまだ。今は数字のプロとしてキャリアを積みながら全般的に基盤を作っていく時期ですね」と冨川さん。

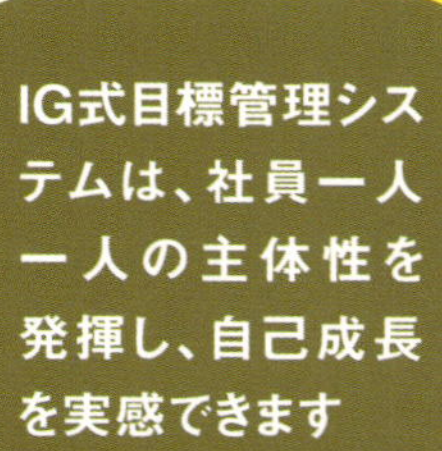

IG式目標管理システムは、社員一人一人の主体性を発揮し、自己成長を実感できます

冨川竜一郎さん

NAGASAKI WORK STYLE 1

顧客と面談する応接ブースはいくつもあり、プライバシー保護を最優先にしています。

ら、自分一人で会社をやるより、元気になる人の数は多いぞと気づきました」

確かに、それは一つの真実ですね。「岩永代表から言われているのは、税理士や会計士は、製造業が物を仕入れるように、知識を仕入れなさいと。習得した知識を知恵に換えて社長に提供する、だから勉強しないのは、商品のない店と同じということ。私の場合、経営者の仕事に興味を持つことから始め、『こういうことで悩んでいる』という一言を引き出したら、そこを集中的に勉強します。最初のころは気負いもあって空回りでした。なにしろ、親子くらいの年齢差で『ここが問題だ』と息子のような人間が頭ごなしに言って信

頼は築けません。それよりも、お客様と真摯に向き合いながら対話をしていくことによって信頼を築けると気づき、今は経営者に寄り添える存在になることを目指しています」

目標管理システムがありますが、実務なだけに目標の立て方が難しくないですか？

「今月新規を3社増やすとか、業務でいえば3時間かかっていたことを2時間で終わらせるとか。目標は出来るだけ数字で表します。『がんばります』じゃあ、曖昧になってしまいます。ノルマではなく自分で決めた目標なので、逆に積極的に取り組めます」

そのひたむきさは、のびしろでもあるのですね。

I'M ENJOYING MY LIFE

この会社に入ったから結婚を考えられた

休日の楽しみはV.ファーレン長崎の応援という冨川さん。「お客様が熱狂的なファンで毎週連れて行ってもらっているうち、すっかり夢中になりました。ユニフォームも買いましたよ」

薬指には真新しい結婚指輪。冨川さんは昨年パートナーと籍を入れ、今年の11月には結婚披露宴を予定しているのだそうです。

「今は休みのたびに披露宴の打ち合わせもしなければいけません。それが11月まで続くのでしょうかね（笑）。でも家族に対する責任が増したぶん、生き方も変わりましたね。正直、この会社に勤めていなかったら結婚を考えることもなかったし、毎日適当にすごす人間になっていたかもしれません。お客様と会社には、ただただ感謝しかないですね」

ご夫婦でカメラが趣味という冨川さん。つまりこの写真は奥様が撮ったもの。自然な笑顔はカメラの腕か？愛情か？

LET'S ENJOY LIFE

株式会社 イシマル

情報をつねにブラッシュアップし さまざまな〝お困りごと〟を解決しながら 快適なオフィス環境を提案

PROFILE

石丸太望さん

常務取締役

1985年長崎市生まれ。長崎西高校卒業。立教大学へ進学し、卒業後キャノンマーケティングジャパンに入社。3年間勤務した後、会社の研修施設としても使用している「中小企業大学校」の経営後継者コースにて、10カ月間、経営について学ぶ。2016年10月より現職。趣味はゴルフ。昨年の長崎くんちでは、東濱町「竜宮船」に根曳きとして出場。

株式会社イシマルは長崎県内外の企業、官公庁などを対象に、快適なオフィス環境の提案やトータルコーディネートを行う企業です。事務用品、コンピューター、複写機など取り扱う商材は幅広く、本社オフィスには営業職をはじめ、機械やパソコンのメンテナンスを担当するサービス部門といった、さまざまな部署が設けられています。石丸太望常務にお話を聞きました。

「ひとつ強みを言わせていただくと、当社にはネットワークの構築を専門とするスタッフと、システム開発担当のSE（システムエンジニア）が在籍するソリューション営業部があります。中小企業のお客様の場合、情報システム専門の人材資源は限られてきますので、代わりにハードとソフトの両面でサポートする部署です。また、会社全体で言えることは、商品をPRするのではなく、お客様の『お困りごと』をいかに解決するのかが私たちの仕事。インターネットの普及とともに競合各社が増える中、価格だけでは生き残ることはできません。お客様が求める情報を

株式会社イシマル
長崎県長崎市日中町587-1
TEL.095-834-0140
http://www.ishimaru.ne.jp
■設立／1973年
■代表／代表取締役社長　石丸利行
■資本金／5,000万円
■社員数／175名
うち正社員167名（男性128名、女性39名）
■初任給／大卒 200,000円（長崎）、大卒 207,000円（福岡）

■休日休暇／年間111日、夏季休暇、年末年始、特別有給休暇、特別積立休暇
■福利厚生／退職金制度、従業員持株会、永年勤続表彰、資格取得奨励制度、バースデーケーキ、ランドセル贈呈（お子様の入学時）等
▼インターンシップ受け入れ／有り
▼大学生アルバイト受け入れ／無し
▼採用担当者連絡先
TEL.095-834-0140（山下）
i_recruit@ishimaru.ne.jp

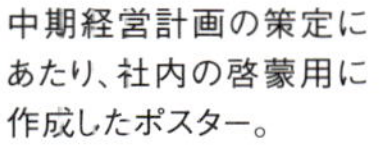

中期経営計画の策定にあたり、社内の啓蒙用に作成したポスター。

仕切りがなく広々とした本社オフィスは、そのまま顧客への提案モデルに。中央部分に会議スペースとコピー機を集め、社員同士のコミュニケーションの場を創造しています。

把握し、我々しか知らない情報をつねにブラッシュアップする。そしてお客様へ提供することを心がけています」

部署ごとの仕切りがなく、開放的なオフィスですね。

「マグネットスペースといって、コピー機や会議スペースなど共有するものを、あえてオフィスの中央に集めています。そうすることによって、普段、離れた席でコミュニケーションを取る機会が少ない人同士でも、偶発的なコミュニケーションが生まれるようになるからです。オフィス空間を作るお手伝いをする会社ですから、私たち自身がスペースを作り試しながら、お客様にご提案しています」

新入社員の研修制度も充実していると聞きました。

「はい。入社後、数カ月は商品や会社の理念といった座学での勉強と、上司や先輩に同行するOJT研修をします。また、簡単なことにはなりますが、責任のある役割を持たせて取り組ませたりもします。年2回の人事評価では、数字的な部分だけでなく、仕事をする上でどういったプロセスをたどってきたかも評価の対象になります。本人と上司がそれぞれ評価を持ち寄り話し合うことで、成果だけでなく、次の半期に向けた課題も見えてくるんですよ。社員の働く喜びや嬉しさを追求していきたいと思います」

NAGASAKI WORK STYLE 2

株式会社
イシマル

数字だけでなく過程を評価してくれる 相談しやすい風通しの良さも 働きがいにつながっています

目指しているのは
トップセールスマン!
工夫を重ねながら
日々頑張っています

田中大貴さん

田中大貴さんが在籍するカスタマ営業部・カスタマ営業四課は、主に官公庁など大規模な顧客を担当する部署です。

「大村市と嬉野市の国立病院機構を担当させていただいています。1人で数百社を担当する営業スタッフもいますが、私の場合、施設の規模が大きく取引高も莫大なので、担当は2カ所のみ。毎日お伺いしています。お客様には、医療機器以外はすべて当社にご相談くださいとお伝えします。医療機関では、たとえば点滴カートも対象になるんですよ。当社ではいろいろなメーカーの商品を取り扱っていますので、お客様の課題に合わせて商品を選定できるところが強み。スピードや金額だけでなく、提案する商品の幅についても評価をいただけた時は、とても嬉

すっきり整えられたデスクで、見積り作成など出社後1時間はデスクワークに集中。その後、夕方まで顧客回りへ。本社オフィスでは女性も営業職として活躍中。

業務内容に適合したシステム開発とサポートを行うソリューション営業部。

しいですね」

2015年9月に入社した当初は、どんな仕事をしていたんですか?

「個人的な理由で新卒より半年ほど遅れて入社したのですが、そのような経緯もあり、次の年の4月まで当時弊社が始めたばかりの新サービスの販売推進をしていました。職場でのストレスレベルをチェックするためのサービスなのですが、当社では受検用のシステム開発と、それを必要とする顧客への提案を行っています。私は説明員として同行していたのですが、いろいろな方々とお話をする中で、仕事のやり方など勉強になることもたくさんありました」

営業職は数字を求められる印象がありますが。

「もちろん数字は上がった方がいいです。でも評価の対象はそれだけではありません。数字だけ見れば低くても、それまでの過程がしっかりお客様目線でできていれば評価してくれます。社員同士の風通しも、とても良いですよ。上司には何気ないことでも話せますし、相談しづらい雰囲気はまったくありません。就職活動中に参加した企業説明会でも、『営業は厳しいよ。競合は多いし、お客様から怒られることもある』と正直に話してくれたのが、この会社でした。自分もこう言える人になりたい、直感的に『ここで働きたい』と思いました。目指しているのはトップセールスマンです。頂上が見えるまでには20年くらいかかるかもしれませんが、毎日自分なりに工夫を重ねながら頑張っています」

I'M ENJOYING MY LIFE

休日は仲間とのゴルフでコミュニケーション!

もともと教師を目指していた田中さん。教育実習を重ねる中で気持ちに変化が現れ、方向転換しました。「県外での就職も考えましたが、住み慣れた街では余計な心配もなく、仕事に集中できます。それに長男なので、地元に残って将来は両親の面倒を見たいと思いました」

会社は週休2日。休日前には、ある方法でリフレッシュするそうです。「金曜日は必ずサウナに入ります。汗をたっぷりかいて疲れが取れたら、土日も楽しめますからね。1カ月に1回は、会社の人たちとゴルフに出かけます。年齢層が広いので、親睦を深める場にもなっています」

昨年10月に開催された、地元テレビ局主催のイベント「企業対抗運動会」に参加。チームワークを発揮して、結果は堂々3位でした。

LET'S ENJOY LIFE

NAGASAKI WORK STYLE

3

株式会社
稲佐山観光ホテル

さまざまなシーンで思い出に残る
高品質&アットホームな宿を目指して
今年4月にはリニューアルも

PROFILE

小林央幸さん

専務取締役

長崎市出身。法政大学卒業後、2003年稲佐山観光ホテル入社。翌年1年間、長崎県観光連盟に出向し、県全体の観光事業にも携わる。2010年より専務取締役就任。長崎商工会議所青年部にも在籍。

稲

佐山中腹にたたずむ稲佐山観光ホテルは、世界新三大夜景に認定された美しい夜景を一望できる宿です。その歴史は1940(昭和15)年創業の小さな旅館に始まり、観光の街・長崎の発展とともに歩んできました。

「原爆で旅館が焼失し、戦後は材木業から再出発。祖父が1952年にふたたび旅館を始めるのですが、お客様へのおもてなしを通して、世界平和に貢献したいという思いがあったそうです。現在も企業理念に掲げ、その思いを受け継いでいます。昭和初期からここまで、観光素材が豊富なこの街に支えられてきました。いまは『長崎に行きたいからこの宿に泊まる』ではなく、『この宿に泊まりたいから長崎へ行く』と、私たちの方が選ばれなければならない時代です」

個人旅行、修学旅行、社員旅行など幅広い客層が特徴ですね。

「多種多様なお客様のご期待にお応えすることは難しくもありますが、いろいろなシーンで思い出に残る、高品質でアットホームな旅館を目指したいと

株式会社稲佐山観光ホテル
長崎県長崎市曙町40-23
TEL.095-861-4151（代表）
http:// www.inasayama.co.jp

■設立／1949年
■代表／代表取締役社長　小林秀顕
■資本金／8,500万円
■社員数／166名
うち正社員70名（男性69名、女性97名）
■初任給／139,200円
■休日休暇／月に7日
■福利厚生／加入保険（雇用・労災・健康・厚生・財形）
退職金制度あり（勤続3年以上）
▼インターンシップ受け入れ／有り
▼大学生アルバイト受け入れ／有り
▼採用担当者連絡先
TEL.095-861-4152（大川）
okawa@inasayama.co.jp

1970年に長崎市恵美須町から現在地へ。今年4月、本館部分の客室、最上階ラウンジ、宴会場のリニューアルが完了しグランドオープンしました。長崎I・Kホテル、稲佐山ひかりのレストラン、レストラン珍陀亭も運営しています。

考えています。改めてブランドを構築している途中ですが、おかげさまでこの2年ほどは、インターネットの口コミ評価が3点台から4点台に上がり、少しずつ手ごたえを感じています。今年4月には、ホテルの耐震工事と客室のリニューアルが完了しました。『じゃらんOF　THE　YEAR泊まって良かった宿大賞（夕食）』で、思いがけず第2位に選んでいただいたんですよ。長崎だけでなく、九州全体の観光をひっぱっていけるような旅館になることが、地元への貢献にもつながると思います」

旅館業にはさまざまな職種があります。働きがいという点ではいかがでしょうか？

「お客様と接する機会が多いところが旅館の良さです。帰り際に笑顔でかけていただく、『来て良かった』という言葉に勝る喜びはないですね。リニューアルも完了したことで、これからそういう機会がますます増えていくでしょう。また、年々海外からのお客様も増加していますので、セールス対象は国内だけに留まりません。営業活動を通して、国内外の旅行会社の方々と信頼関係を構築していけるところも魅力です。最近は外部講師をお呼びして、社内研修も行っているんですよ。今後さらに、社員が成長できる環境を整えることも課題ですね」

NAGASAKI WORK STYLE 3

お客様が何を求めていらっしゃるのか瞬時に察知して動く難しさとやりがいを感じる瞬間です

株式会社 稲佐山観光ホテル

田中優莉依さん

後輩とはオンとオフのメリハリを大事にしながら接しています

宿の顔とも言えるフロント業務。素敵な笑顔で迎えてくれるのは、入社5年目の田中優莉依さんです。

「入社したての頃は、覚えることの多さに何もできず、先輩から怒られてばかりいました。何度も挫折しそうになって、実は最初の半年間は辞表も持ち歩いていたんですよ(笑)。それでも、できることが少しずつ増えてくると自信がつきました。フロントで働いていると、毎日違うお客様といろいろお話ができます。とても楽しいです」

ホテル業は早朝や深夜までの勤務など、不規則なイメージもあります。

「確かにそうですね。でも、朝早く起きて清々しい気持ちで仕事するっていいですよ。1年前から車

リニューアルされた和洋室からは、長崎が誇る美しい夜景を一望。そのほか館内には、展望大浴場、庭園風露天風呂を完備しています。

通勤をしていますが、朝早くに女神大橋を渡っていると朝日が昇ってきて、スイッチが入ります。この時間に仕事できるっていいな、よし、今日も頑張ろう！って。職場の近くに社宅もありますから、遠方の人や家賃を節約して貯金したいという人は利用してみても良いと思います。私も入社したての頃は社宅から通勤していました」。

後輩を指導する際に、心がけていることはありますか？

「新卒入社の後輩には、最初にこう伝えるようにしています。ちょっときつく言ったり、教え方が間違っていたりする時があるかもしれないけど、私も厳しく指導してくれた先輩たちがいたから良かった。辛いことをバネにして、がんばって欲しいって。オンとオフの切り替えも大事なので、長い休憩時間に入る時は、気分転換を兼ねて、後輩と外で食事しながら仕事以外の話をすることもあります」

芯の通った考え方と落ち着いた雰囲気が魅力の田中さん。1人の女性としても輝いていますね。

「ありがとうございます。私たちフロントスタッフは、お客様が何を求めていらっしゃるのか表情などから読み取って、いち早く行動しなければいけません。一番難しいところですし、やりがいも感じています。最初は何もできなかった私なのに、目配りと気配りがすっかり体に染みついて動けるようになりました。成長できて良かったと思います」

慌ただしいチェックイン、チェックアウト業務もつねに笑顔で対応。フロントが落ち着いている時間帯には、レストランや宴会場など、手が足りていない部署を見つけてサポートに入ることもあります。

I'M ENJOYING MY LIFE

大好きな長崎の街並みを眺めながら深呼吸

休日は長崎を出て、県外のカフェやパン屋さん、温泉などへ足を延ばしアクティブな時間を過ごしている田中さん。「インスタ映えを探しに、友だちと休みを合わせて出かけます。でも月に1日は、必ず完全オフの日を決めて友だちにも伝えません。体を休めるようにしています」県外で就職しようとは思いませんでしたか？「考えましたが、自然豊かな長崎の街並みがやっぱり大好きなので離れられません。朝、時間がある時はホテルの屋上へ行って、街を見渡しながら深呼吸します。その時間がとても好きです。住み慣れた長崎で働いているから、味わえる感覚だと思います」

1泊2日で友人と嬉野温泉へ。思い立ったらすぐ行動に移すタイプだそうです。「自分でも、本当にフットワーク軽いなぁって思いますね」

LET'S ENJOY LIFE

NAGASAKI WORK STYLE 4

ANAテレマート株式会社

世界中とダイレクトにつながって予約から困りごとまでしっかりカバーキャリアアップも夢じゃない

PROFILE

遠山雄一

長崎支店長

千葉県出身。平成元年入社後、九州沖縄に関わる仕事を任されることが多く、社会人歴30年のうち、福岡・宮崎・沖縄で勤務すること通算25年。お酒を飲むと博多弁、沖縄弁、(ときどき大阪弁)で饒舌に。大学時代はボート部だったことから、長崎のペーロンに興味津々。

ANAグループのフライト予約を扱う総合コンタクトセンター「ANAテレマート」が長崎に誕生して今年で8年目。遠山雄一長崎支店長のお話です。

「現在、コンタクトセンターは東京、長崎、札幌、米国のロサンゼルス、中国の北京の5カ所にありますが、国際線予約については夜間の電話を日本＝米国間で相互転送することで24時間有人対応が可能になりました。長崎の22～8時の電話はロサンゼルスに転送され、ロサンゼルスが深夜の間の電話は長崎に転送されます」

するど、世界中の電話が長崎へ?

「はい、海外からいただくお電話は日本語だけでなく、英語の場合はこちらの国際チームがお受けします。座席予約関連が基本ですが、交通アクセスに関するお問い合わせや、外国航空会社の運航状況確認、空港での天候不良・遅延・欠航など、現地でお困りのお客様を可能な限りサ

ANAテレマート株式会社
〈本社〉東京支店 東京都品川区大崎1-11-1 ゲートシティ大崎ウエストタワー17階
〈長崎支店〉長崎県長崎市神ノ島町1丁目331-90
http://www.ana-telemart.co.jp/
■設立／1987年4月
■代表／代表取締役社長　梶田恵美子
■資本金／5,000万円
■社員数／1036名 うち正社員989名（2018年5月現在）
■初任給／193,500円（総合職）　173,000円（エリア正社員長崎、転勤なし）その他時間外手当など諸手当あり
■休日休暇／年間休日121日（月7～12日）年次有給休暇、季節休暇、結婚休暇、出産休暇、育児休業、介護休業、忌引休暇、特別繰越休暇　等
■福利厚生／各種社会保険完備（健康保険、厚生年金保険、雇用保険、労災保険）、慶弔見舞金、配偶者同行制度、配偶者海外赴任休業制度、ANAグループ社員優待搭乗制度（国内線・国際線）ほか
▼インターンシップ受け入れ／有り
▼大学生アルバイト受け入れ／無し
▼採用担当者連絡先
TEL.080-7977-6158
（平日9:00～18:00）
saiyou@atm.ana-g.com

空港のチェックインカウンターのようなフロアで気分も上がります。海外の事故や災害などで急に電話の本数が増えることもあるため、ここではワールドニュースも流されているのだそうです。

ポートさせていただくのが我々の仕事です。また、２０２２年を目途にＡＩを導入することで、検索機能の省力化やＦＡＱの充実化などを図る予定です。コミュニケーター、お客様のご質問に応じて『サンクトペテルブルクの電車』などキーワードを打ちこめば、すぐ情報が出る仕組みで、お待たせ時間の短縮と情報提供の質を向上させます」

　長崎にいながら世界と直接つながっているんですね。高度なスキルが必要とされそうです。

「長崎の方は素直で好奇心も豊かなので成長が早く、すぐ一線で活躍できますよ。それに土地柄か、迷った旅行者へ話しかけて助けるマインドを持っています。会社のミッションはお客様にご満足いただくことなので、適性のある方が多いですね」

　キャリアアップも可能とお聞きしました。

「エリア社員で採用されても実績を積んで本人が望めば基幹職や総合職に職掌（職種）を転換することも可能です。そのほか、東京地区やロサンゼルス研修もあります。本人の志さえあれば自己実現も可能です。ビジネスマンとしてのスキルやヒューマニズムを学ぶ場所として、夢のある学生さんに入社して欲しいですね」

NAGASAKI WORK STYLE 4

ANAテレマート株式会社

電話では1対1でも、周囲がサポート チームワークで感じる一体感 一人一人のお客様と向き合う仕事

航空業界の知識がゼロからでも自分の可能性、自分なりのやりがいを見つけられます

土井菜摘さん

入社7年目の土井菜摘さんは、笑顔が爽やかな大村市出身の女性です。

「大学では日本語教育を学んだので卒業後は海外で日本語を教えるのもいいかなと思ったのですが、この会社に出会い『長崎にいながら世界中の人の役に立てる!』と感じ決めました。業務では世界中のお客様と繋がることができます。今お客様はどういう状況で、私に何ができるだろう、と一人一人のお客様と向き合いながら最善策を考えご案内します。『助かった、ありがとう』の一言が、やりがいですね」

入社してすっかり旅好き、飛行機好きになった土井さん。

「航空業界のことは何も知らず、最初は世界中の空港コードを知る

新人は、1年先輩が1年間あれこれ相談にのって面倒をみるフレッシャー制度もあるのだそうです。身近なロールモデルがあると、一人で悩むこともないのです。

全体的にバリアフリーで広々とした社内。食堂には各種ケータリングもあり、ランチの種類も豊富。

ことから始まりました。ANAが就航している都市はもちろん、国際線ではそこから先の予約も取り扱うため、主要都市の知識も必要です。やり方は人それぞれですが、私は白地図を買ってきて、お客様がこの都市に行きたいとしたら、経路は?と空港コードを書き込んで覚えました。だから『ここに行きたい、でも探せなくて』というお問合せには発奮します。予約はもちろん、搭乗、座席、機内サービスまで全体の流れを把握して応えるのが私達の仕事。直接お客様と顔は合わせませんが、ANAを支えているという矜持はあります」

社員同士で声を掛け合う雰囲気がいいですね。

「電話応対は1対1でも、フォロー体制が整っており空港とも連携するので一体感を感じながら仕事ができますね。また、育児休業や休職の制度に加えて、休業後に戻ってきた人のためのサポートも充実しているので、結婚、出産を経てキャリアアップを目指す人も多いですよ」

土井さんはエリア社員から基幹職に切り替えたそうですね。

「職掌転換したことで、お客様対応を行う業務の他にも教育インストラクターを任されています。不安いっぱいだった新入社員が一人前に電話応対しているのをみると『成長したなぁ』と嬉しいですね」

「ありがとう」を励みに世界中のお客様の期待を超える応対を目指す人たちがいます。

I'M ENJOYING MY LIFE

楽しく働く姉に続いて3姉妹みんなテレマート

土井さんは3人姉妹の長女。なんと妹さん2人も彼女を追うように入社を決めたそうです。

「もちろん私が強制したわけではないですよ(笑)、彼女たちもそれぞれ就活していましたから。ただ、私が家で話していた会社の雰囲気や先輩や後輩との関係を身近で見て、最終的にここしかないと決めたようです。今は3人いっしょに車で通っています」

お休みの日はやっぱり旅行ですか?

「はい、ホノルル、シンガポールもよく行きます。先日は2連休あったのでバンコクに弾丸で行って、自分がパクチーが苦手なことを発見しました(笑)」

経験はそのまま、お客様との会話にも生きてくるという土井さん。趣味と実益を兼ねているんですね。

LET'S ENJOY LIFE

株式会社 NDKCOM

システム開発と運用をIT技術でサポート 大切なのはコミュニケーション力

PROFILE

中野一英さん

代表取締役社長

1948年福岡県飯塚市生まれ。幼少期に家族とともに長崎県西彼杵郡（現・長崎市）高島町に移り住み、県立長崎東高校を卒業。大学進学を機に地元を離れるも、30歳の頃、縁あってNDKCOM前身である長崎電子計算センター（株）に技術者として入社する。2005年NDKCOMへの社名変更を経て、2009年に代表取締役社長に就任し、現在に至る。

半世紀以上にわたり、長崎県内外の行政や民間各社におけるシステム開発と運用を手掛け、IT技術でサポートしてきたNDKCOM。1966年に長崎電子計算センターとして創業し、2005年には社名を一新しました。

スッキリと整えられた社長室、穏やかさの中にも決然とした強さを感じさせる中野一英社長に伺いました。

「時代の変革期にあたり、当社は自らの業態を変化させせながら生き残ってきました。

テクノロジーというものは、結局は人間次第ではないでしょうか。私たちは技術者集団ではありますが、同時にコミュニケーション力を重視しています。顧客と対話し、さまざまなニーズを引き出し、私たち側からどんどん提案していくことが大切です。給料とは会社から出るのではなく、お客様に提供するサービスを喜んでいただき、その対価としてい

株式会社NDKCOM
長崎県長崎市栄町5-11
TEL.095-824-3511（代表）
http://www.ndkcom.co.jp
■設立／1966年7月
■代表／代表取締役社長　中野一英
■資本金／4,980万円
■社員数／115名
うち正社員99名（男性66名、女性33名）
■初任給／200,600円（残業15時間分20,600円を含む。15時間を超過した場合は追加支給）
■休日休暇／年間休日数119日　土、日、祝日、会社指定の土曜日出勤あり
■福利厚生／加入保険（健康、厚生、雇用、労災）、DC企業年金
▼インターンシップ受け入れ／有り
▼大学生アルバイト受け入れ／無し
▼採用担当者連絡先
TEL.095-824-3511（川口）
recruit-inq@ndkcom.co.jp

多くのシステムエンジニアが所属する金屋町電脳ビル内、ITソリューション部のフロア。平成29年には「長崎県誰もが働きやすい職場づくり実践企業」の認証を受けました。働きやすい職場環境の整備に力を入れています。

ただいているものです。このことを意識しておかなくてはなりません」

これからを担う若い人たちに何か助言はありますか。

「自分の人生に対する責任は、自分にしか取れません。若い頃には、60歳になった自分の姿を想像するのは難しいでしょう。それでも5年後、10年後、20年後……と年月が過ぎた時どういう自分になっていたいかについて、明確なビジョンが必要ではないでしょうか。企業のために社員がいるのではなく、社員一人一人がそれぞれの人生目標を達成するために、企業があるのですから」

会社としての将来のビジョンはいかがでしょう。

「長崎では現在人口減少が進んでいます。人が減り、仕事が減り、地元を支える中小企業が減ると、地域活力も低下することが予想されます。

当社は、広く域外からの仕事を長崎に持ち込むべく東京に営業所を出しており、福岡圏の仕事も拡大しているところです。創業50年を越えた今、次の50年を見すえ、長崎の地域中核企業を目指し走りはじめているのです」

長崎に根ざしながらも、地域の枠を飛び越えて躍進をつづける会社でした。

NAGASAKI WORK STYLE 5

株式会社 NDKCOM

システムエンジニアとして オリジナルのソフトウエアを開発 「使いやすい」の一言がやりがい

学校で基本は学んだものの現場では応用が試されます。経験が大切だと実感しています

犬束郁哉さん

本社ビルから離れた金屋町のオフィス、たくさんのPCが並ぶフロアの一角にて、言葉を選びながらゆっくりと話す犬束郁哉さん。誠実な物腰と少し照れのある笑顔が、いかにも理系男子らしい雰囲気です。

犬束さんは地元を離れ、福岡の大学にて修士課程まで修了し、その後長崎の実家に戻りました。

「ITソリューション部でシステムエンジニアをしています。私の所属している課では、お客様の依頼に応じてオリジナルのソフトウェアを作ります。

入社して初めて関わった大きな案件を5月に納品することができたのですが、その際、先方より『使いやすい』とのお言葉をもらえたことが、とても嬉しかったで

ITのプロフェッショナルとして、真剣な眼差しでパソコン画面に向かいます。神経を使う仕事ながら、完成時の喜びはひとしお。喜んでもらえた時、それまでの頑張りが報われます。

目の前が中島川公園、眼鏡橋もほど近い栄町本社ビルのエントランス。会社ロゴが掲げられています。

すね。チームで担当するので、先輩たちのやり方を見ながらいろいろと学ばせてもらいました。何度も打ち合わせに出向き、あまり使ったことのないプログラミング言語に苦労したり、残業もあったり……大変ではありましたが、その分、喜んでもらえた時に報われる思いでした」

こちらの会社は、エンジニアであっても顧客と直接積極的に対話することを求めると聞きました。

「そうですね。もともと人と話すことに苦手意識があったので、正直なところ戸惑いもありました。それでもたびたび足を運んで言葉を交わすうちに、お客様の人柄もあってか、親しく話すことができるようになりました。この次は、もっとスムーズにできるかと聞かれると少し自信はありませんが、経験を積みながら頑張っていこうと思います」

1年でひとまわり成長したんですね。今後の目標はありますか。

「私自身が困った時つまずいた時、先輩たちからそれぞれの得意分野などについての有益な助言をもらって、助けられながらやってきました。当社にも春からの新人が入り、社会人になって初めて後輩ができたのですが、彼らから頼りにされるようなエンジニアになりたいと思っています」

着実に経験を重ね、頼もしいプロフェッショナルへと成長した姿が目に浮かぶようでした。

I'M ENJOYING MY LIFE

休日は
友人とテレビゲーム
ときどきドライブも

数年ぶりで長崎の実家に戻った犬束さん。

「地元での暮らしは確かに楽ですね。家にいても自室で過ごす時間が長く、両親との関係がそれほど濃いわけではありませんが、互いに顔の見える安心感はあると思います」

もっぱらインドア派で、テレビゲームを楽しんでいるそうです。

「学生時代の友人とオンラインで繋がって盛りあがる……仕事のことを一時忘れて、いいストレス発散になってます。長崎に戻ってから運転免許を取得したので、少しずつ行動範囲が広がっているところでもあります。親しい人と一緒に動物園や水族館で過ごす休日も、実はとても気に入っているんです」

公私ともにますます充実していきそうな予感です。

LET'S ENJOY LIFE

NAGASAKI WORK STYLE 6

扇精光ソリューションズ株式会社

自由な発想、新しいチャレンジこそ宝 住み慣れた町でITインフラを通して 時代の最先端を提案し続ける

PROFILE

濵口晴樹さん

代表取締役社長

1958年長崎市生まれ。長崎北高校卒業。大学進学のため地元を離れ、卒業後は地元企業に就職。前職で経験したIT分野に可能性を感じ、1994年36歳で扇精光株式会社に入社。営業職として官公庁を中心に活躍。2014年「扇精光株式会社」から情報機器販売・ソフト開発関連事業を「扇精光ソリューションズ株式会社」として事業分割。2018年5月、社長就任。

情報システム機器・測量機器の販売、業務システムの開発から運用・保守サービスまでワンストップで提供し、県内を中心に官公庁や学校、企業のITインフラ整備に大きく貢献する、扇精光ソリューションズ株式会社。濵口晴樹社長にお話を聞きました。

「今年グループとして60周年を迎えます。目先の利益にとらわれず、この先伸び続けるために今何をすべきか。自由な発想で新しいことにチャレンジし続けることを大切にしています。これはお客様の会社を思う時も同じです。パソコンやシステムは納品して終わり、では役に立ちません。その都度お客さまの声をお聞きしながら、プロとしてベストな提案をし、タイムリーに修正・改善し続けていく。その中で、私たちはまた次の課題に出会います。県内5カ所、博多に1カ所の支店・事業所を

扇精光ソリューションズ株式会社
長崎県長崎市田中町585-5
TEL.095-839-2111
http://www.ougis.co.jp/ougis_socio/
■設立／2014年5月(扇精光株式会社より事業分割)
■代表／代表取締役社長　濵口晴樹
■資本金／4,800万円
■社員数／100名
　うち正社員89名(男性72名、女性17名)
■初任給／大卒 202,000円(固定残業20時間分25,640円含む)※固定残業手当は時間外労働の有無にかかわらず20時間分を支給し、20時間を越える時間外労働分は法定通り支給
■休日休暇／週休2日制(ただし毎月最終土曜日は出勤日)、祝日、年末年始、お盆、慶弔ほか
■福利厚生／生活習慣病予防健診(40歳以上5年おき)/女性健診、インフルエンザ予防接種
▼インターンシップ受け入れ／有り
▼大学生アルバイト受け入れ／有り
▼採用担当者連絡先
ougi.group@ougis.co.jp
総務部　馬場

社長も社員と同じフロアに机を並べています。誰とでも自由に会話ができる雰囲気の中、何気ない世間話から開発のカギとなるアイデアが生まれることも。「率先して、自由な発想が生まれやすい環境・雰囲気をつくるのも社長の仕事です」。

展開。地域ごとに少しずつ異なるニーズに向き合いつづけ、業務システム導入は九州にとどまらず日本全国へと拡大しています」

長崎くんち期間中、踊り町のだしものの現在位置をwebマップ上で確認できる、大活躍のスマホアプリ「おくんちナビ」も、ここで開発したものだそうですね。

「はい。社員の好奇心から生まれました。グループ会社の測量・設計部門と力を合わせて開発した、地理情報を収集・統合し、道路や水道施設、港湾などの維持管理に活用する業務システムがあるのですが、これらのシステムをもっと身近なところで活用できないかと。アイデアを形にしたいと、手弁当で開発したものです。当時はネット環境もスマホも普及しておらず利用者はわずかでしたが、今は県外の観光客の方にも多く利用していただいているようでうれしい限りです」

ITで地元の暮らしに貢献できることを社員の皆さんも身をもって実感したでしょう。

「それこそが地元で働く魅力だと思います。家族にも自分の活躍を見てもらえますし、住み慣れた場所で地元だけでなく全国に打って出ることができるのもITの強みですね」

扇精光ソリューションズ株式会社

気軽に話せるポジティブな空気感 想いや考えを尊重してくれる雰囲気が 自分を前へと向かせてくれます

入社2年目の森高玲奈さん。保育園の業務や高校の授業など、教育機関で使用されるパソコンやプリンタなどのOA機器、ソフトウエア販売の営業を担当しています。

「ご要望に耳を傾け、お客さまにとって一番良い方法を共に考え、商品をご提案。契約後は機器の搬入から設定、その後の運用の支援までを一貫して行います。入社1年目は、複数の先輩の業務を手伝う形で仕事のノウハウを学び、今年度からお客さまを担当するようになりました」

一人立ちしてからの仕事、これまでとどう違いますか？

「やはり責任感、達成感が違いますね。自分がお客さまに提案したプランを、実際に採用してもらえることになり、大きなやりがいを

営業としてOA機器の説明を行う森高さん。「写真撮影をするなら、今一番売り出したいカタログを持ってきますね」と積極的！

高校生にソフトウエアの使い方をレクチャーすることも。学習塾でのバイト経験が役立ちました！

森高玲奈さん

NAGASAKI WORK STYLE 6

出来大工町にはVR開発に携わる部署が展開しています。インターンの学生は主にこちらで現場の最先端を体験できます。

I'M ENJOYING MY LIFE

自分らしく生きるって こういうことかも

都会への憧れはあったものの、せわしない空気が自分には合わないと地元での就職を選んだ森高さん。

「これまでどおり実家に住んで職場まで通っています。一人暮らしの自由さもいいけれど、実家はごはんもおいしいし、経済的にも気分的にも安定するのが魅力ですね。それに、気の合う友人たちと休日のたびに会えるのも地元のいいところ。お互いに近況を報告し合いながら、おしゃれなカフェを目指してドライブするのがブームです。自然豊かな風景に囲まれて、行く先々であたたかな人との出会いがあって、そしてやりがいの大きい仕事がある。住み慣れたこの土地で、社会人の第一歩を自分らしく踏み出せた気がします」

週末は地元に限らず、県内あちこちに足を伸ばします。先日は友人とハウステンボスに出掛けました。県内だけでもまだまだ行ってみたい場所がたくさん!

LET'S ENJOY LIFE

感じました。経験豊富で尊敬できる先輩方が、そばにいてくれるおかげです。ここには上司部下、部署や年齢も関係なく、いつでも何気ない会話や冗談を言い合える空気があります。気軽に相談できる環境があるからこそ、自分を信じてチャレンジできるんだと思います」

そもそも入社の決め手は何だったんですか？

「ITに関われて、女性が活躍できて、実家から通えるという条件で探していましたが、決め手となったのは社是と、就職説明会での出会いです。業務内容の比較だけでは企業の違いはよくわからなかったので、職場の雰囲気が想像しやすい社是・社訓に着目していたところ、当社の社是である〝信念笑顔〟にピンと来たんです。それから、就職説明会で当社の営業の方の話を聞いて、自分のアイデアや行動次第で社会に貢献できる〝営業〟という仕事にひかれました。もともと自分に営業は向いていないだろうと、事務や営業アシスタントを希望していたんですが、ここなら私も活躍できるかもと思ったんです」

すごい出会いだったんですね。

「はい。営業は男女関係なく、自分なりのやり方で人の役に立てる仕事。就活中の学生さんにも、営業に苦手意識を持っていたらもったいない、ということを伝えたいですね」

株式会社 亀山電機

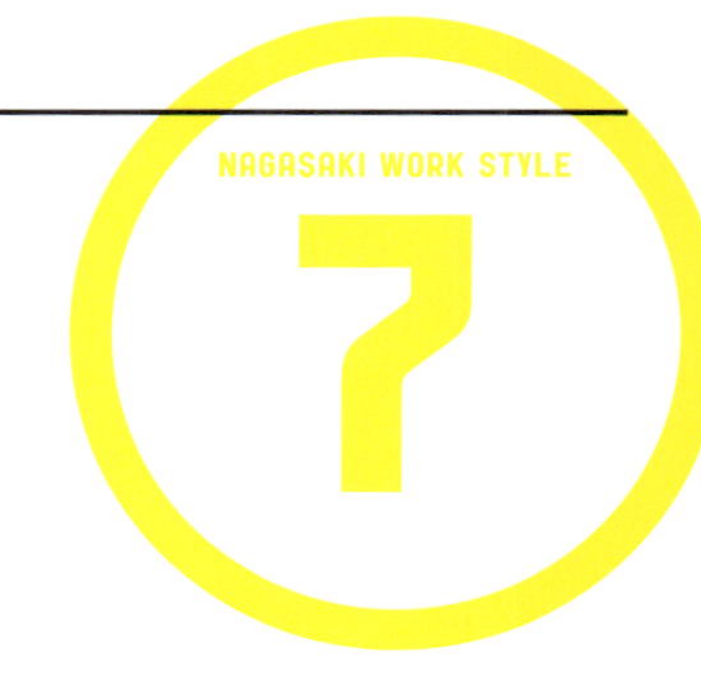

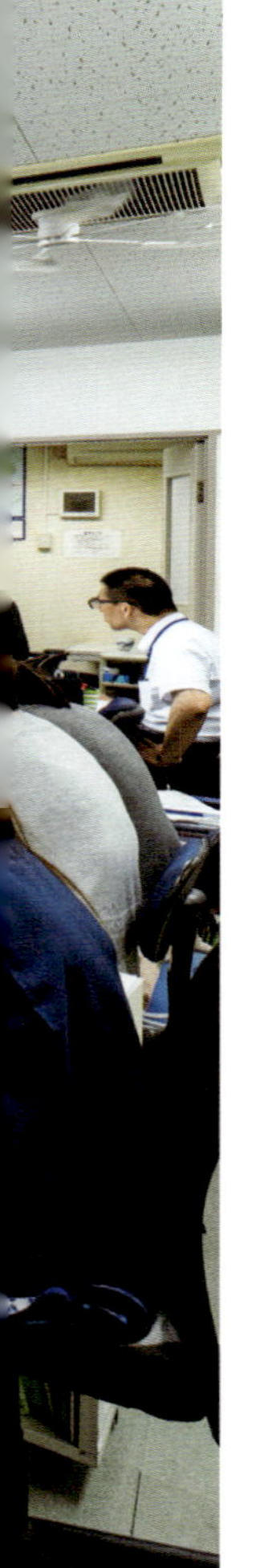

日本の西の果て「長崎」から海外を視野に展開 夢・志を共有する仲間を求む

PROFILE

北口功幸さん

代表取締役社長

1965年、大村市に生まれる。佐世保工業高等専門学校を卒業した後、技術系の会社に就職し経験を積む。
坂本龍馬の生き様に大きな感銘を受け、1996年、長崎市にて(有)亀山電機を当初一人で設立した。その後も順調に成長を続け、2004年に有限会社から株式会社へと移行する。

坂本龍馬の肖像写真を背に、エネルギッシュに語る北口功幸社長。亀山電機の社名は、坂本龍馬とその同志たちが結成した日本初の会社組織「亀山社中」からもらったそうです。

「当社は機械設備の電気設計・施工業務を中心に、現在は Industrial Automation(IA)・Office Automation(OA)・WEBの3つを柱としています。世界的な大手メーカーとの取引も多く、より高いレベルのエンジニアリングを提供するべく、社員一丸となって日々技術力を磨いています」

社員必携の経営計画書『亀山道』は一見生徒手帳のように見えますが、そうとう厚みがありますね。

「この経営計画書には、私自身の生い立ちから経営方針や社員心得まで記載されており、それぞれが目指すべき姿や目標値について、皆が理解できる仕組みです。数字による目標

会社のロゴマーク、赤白赤の旗は海援隊の船印から。

株式会社亀山電機
長崎県長崎市弁天町3-16
TEL.095-864-7000（代表）
http://www.kameyama-grp.co.jp/
■設立／1996年
■代表／代表取締役社長　北口功幸
■資本金／2,080万円
■社員数／88名
うち正社員75名（男性65名、女性10名）
■初任給／大卒 [illegible]80,000円
■休日休暇／週休2日制（第1.3土曜日は出勤日、年末年始、お盆休暇）
■福利厚生／加入保険（雇用、労災、健康、財形）厚生年金
▼インターンシップ受け入れ／有り
▼大学生アルバイト受け入れ／無し
▼採用担当者連絡先
TEL.095-864-7000（井下）
recruit@kameyama-grp.co.jp

チームワークに折り紙付きの亀山電機。働きやすい職場づくりに取り組む姿勢が評価され、2017年には「ながさきキラキラ企業」として認定されました。

や方針、スケジュールを明確にし、仕事の中での意識付けにも役立っています。積極性・柔軟性・外向性・コミュニケーション能力を磨きつつ、『亀山道』の実現を、私も含め皆で目指しているところです。

『一人でできることは限られている。将来、夢・志を共有し、スタッフとともに技術を磨き素晴らしい会社を作りたい』

それが、設立時に私が強く抱いていた思いだったのです」

思いは実現されましたか。

「まだ道半ばというところですね。社会や地域、社員とその家族のためにもっと貢献できるでしょうし、龍馬のように海の向こうを見渡しながら、特に東南アジアを視野に展開していこうと考えています。今、当社にはフィリピン人社員が男女2人ずつ在籍しているのですが、近々もう1人入社する予定なんですよ。

当社の経営理念として『亀山電機の目的は、社員と家族の幸せを通して社会に貢献するものである』と掲げています。目的達成を目指し、一人一人がさらに輝くことのできる会社にしたいと思っています」

平成の志士たちは、長崎から未来を見つめています。

株式会社
亀山電機

総務は会社のインフラを整える仕事 スキルを磨き、働きやすい環境を スムーズに提案したい

地元の大学を卒業し、昨春入社の吉野谷奈都さん。初々しさの残るフレッシュな女性です。

「総務部に所属し、他部署とも連携をとりながら、総務・労務・人事など会社のインフラを整える業務を担当しています。まだまだ周囲に助けてもらうことも多いので、早く任された業務を一人で完結できるようになりたいです。より良い社内環境を作るために、働きやすさについて提案できるようになること。そして、お客様や社員皆から信頼される仕事をすることを目指していきます」

やりがいを感じるのはどのような時ですか。

「今一番力を入れているのが人事の仕事です。説明会等で生徒さんや学生さんたちに当社について話

社内に新しい風を吹き込んでくれるフィリピン人社員たち。細やかな打ち合わせと笑顔のコミュニケーションで、とてもいい関係です。

5月より開講したロボット教室では、子どもたちが専用のブロックで発想力を養い、いろいろなロボットを楽しみながら製作します。

毎月1時間の上司からのヒアリングで、公私にわたり相談に乗ってもらっています

吉野谷奈都さん

NAGASAKI WORK STYLE
7

をする中で、さまざまな質問をもらいます。私はまだ入社2年目ですので、皆さんの不安な気持ちもよくわかるのです。できるだけ親身に答えるよう心がけていますが、工業高校などでは技術面について細かく尋ねられて、戸惑うことも少なからずありますね。いろいろな質問に明確に答えられるよう、もっと勉強が必要だと実感しているところです」

技術系の企業は、男性中心のイメージがありますが。

「たしかに女性は1割程度ですが、技術職や営業職として活躍している先輩もいます。人間関係が温かくて、居心地がいいですよ。上司や先輩に恵まれたので、日々安心して業務を行っていますが、これから入社してくる人に対して自分も同じようにできたらなと、毎日学ばせてもらっています」

就職活動中の学生さんたちに助言をもらえますか。

「多くの会社に興味を持つことが、活動のスタートだと思います。最初からあまり幅を狭めずに、どんどん企業説明会に参加したらいいのではないでしょうか。当社亀山電機でも随時行っていますが、会社見学会に参加して、自分の目で実際に会社を見たり、社員の声を聞くことも、将来や就職を考えるときの大きなヒントになると思います」

自身の経験を踏まえての頼もしいアドバイスで締めくくってくれました。

I'M ENJOYING MY LIFE

オーケストラで バイオリン演奏 心やすらぐひと時です

長崎市内で生まれ育ち、大学も地元だったという吉野谷さん。社会人としての新生活も、家族や仲間に囲まれながら、精神的に安定した状態でスタートすることができました。

「近況報告も兼ねて、友人と気になるお店を巡ったり食事をしたり……休日の夜などに家族とゆっくり食卓を囲む時間も、とてもいいリフレッシュです」

高校と大学では、ずっとオーケストラ部でバイオリンを弾いていた吉野谷さん。

「バイオリンを始めたのは小学5年生で、この楽器としては少し遅いかもしれませんが……。大学卒業後は、長崎交響楽団に移って演奏を続けています。土曜が練習日なので仕事にも影響なく、そちらの活動も充実しています」

長崎ブリックホールでの演奏会。この日この瞬間のために頑張れるのです。

LET'S ENJOY LIFE

NAGASAKI WORK STYLE

8

株式会社グラバーヒル（ANAクラウンプラザホテル長崎グラバーヒル）

長崎観光のリピーターを増やし地域NO.1のホテルへ毎日新鮮な出会いのある究極の接客業

PROFILE

阿倉宏隆さん

常務取締役 総支配人

京都市出身。駒澤大学経済学部卒業後、1984年に全日空エンタプライズ（株）（2006年12月よりIHG・ANA・ホテルズグループジャパンに組織変更）入社。広島、東京、グアム、大阪、沖縄の各ホテルに赴任ののち、2011年当ホテルの常務取締役総支配人に就任。長崎の美しい景色を眺めながらスロージョギングで汗を流すのが日課。趣味はホテル仲間とのゴルフ。

南山手地区にあるANAクラウンプラザホテル長崎グラバーヒル。世界遺産となった「長崎と天草地方の潜伏キリシタン関連遺産」構成資産である大浦天主堂そばという最高のロケーションです。総支配人の阿倉宏隆さん、こちらはどのようなご利用が多いのでしょう。

「長崎観光の中心地ですので、国内外問わず観光のお客様が多いですね。心地よく楽しい時間を過ごし、いい思い出を作ってほしい。そしてまた長崎に足を運んでもらいたい、という気持ちでおもてなしをしています。外国人の観光客はますます増える予想で、ホテル業界はさらに注目され、伸びていくと期待されています」

長崎の中でも注目の業界なのですね。ホテルで働くとなると、求められる能力とは？

「特別な力は必要ありません。しいて言えばお客様にもスタッフにも、うわべだけでない心からのあいさつ

株式会社グラバーヒル
長崎県長崎市南山手町1-18
TEL.095-818-6601（代表）
https://www.anacrowneplaza-nagasaki.jp/
■設立／1989年9月
■代表／代表取締役　松藤章喜
■資本金／1,000万円
■社員数／130名
うち正社員109名（男性74名、女性35名）
■初任給／大卒 145,000円
■休日休暇／年間休日95日　初年度年休10日
慶弔休暇
■福利厚生／社会保険完備、育児・介護休業制度、慶弔見舞金制度、資格取得補助制度、社員親睦会ほか
▼インターンシップ受け入れ／有り
▼大学生アルバイト受け入れ／有り
▼採用担当者連絡先
TEL.095-818-6606（渡瀬）
kanri@anacrowneplaza-nagasaki.jp

グラバー園や大浦天主堂の近く、異国情緒漂うエリアのホテルは、観光だけでなく宴会やウエディングも人気。「"グラバーヒルに行ったらなんだか落ち着くね、元気になるね"と言ってもらえる場所であり続けたい」と阿倉総支配人。

ができることでしょうか。長崎のスタッフは元々おもてなし上手な人が多い印象です。朗らかで親切、アットホームな雰囲気だとお客様からも好評価。英語など外国語の能力も発揮してもらえそうですね」

阿倉さん自身はこれまでホテルでどのような業務を経験されてきたのでしょう。

「ホテル業では、宿泊・宴会・婚礼・レストラン・管理部門などさまざまなセクションが経験できます。私はほぼすべてのセクションを回りました。それぞれに奥深い世界があって、それらを経験することでいろんな立場から接客を考えることができ、自分の適性もわかってきます。それが今の管理業務にも役立っています」

最後に、就活中の皆さんにメッセージをお願いします。

「ホテルはお客様に夢を与える場所。毎日新たな出会いと新たな発見のある場所でもあります。私はホテル業に就いて間もなく34年ですが、いまだに仕事が楽しくて飽きたことがありません。おもてなしにゴールはありません。若い感性とエネルギーを生かしてより良いおもてなしを提供し、ぜひ我々とともに地域NO.1ホテルを目指していきましょう」

NAGASAKI WORK STYLE 8

株式会社グラバーヒル
（ANAクラウンプラザホテル長崎グラバーヒル）

支えてくれる先輩に、毎日感謝 互いを認め合う「ありがとう」があふれる理想の職場

井手杏奈さん

人と人との距離感は、近づきすぎても遠すぎてもダメですね。正解がない分、難しいけどおもしろいです

フロントでホテルの顔として活躍する井手杏奈さんは、入社5年目。チェックイン・アウトや観光案内などを担当しています。

入社の決め手は何だったんでしょうか。

「福岡のホテル専門学校に入学した時から、地元長崎での就職を目標にしていました。会社説明会の際、社員の方々との懇談会があったのですが、上司部下の分け隔てなく自由に楽しく話されている雰囲気に、ここなら楽しく働けそうだと思いました」

実際働いてみてどうでしたか。

「はじめの印象のままですね。思ったことは自由に発言できる雰囲気があって、逆に上司から〝これどう思う?〟と意見を聞かれる

こちらのホテルではスタッフが知恵と情報を出し合ったオリジナルの観光マップを作り上げました。「こういった新しい試みを信頼してまかせてくれる自由さが嬉しいです」

井手さんは先日のブライダルフェアで新婦役も務めました。「疑似体験から得られる学びは大きいです。花嫁さんの気持ちがよくわかりました」。

こともあります。年齢や経験に関係なく、お客様のためにみんなでより良くしていこう、という意識が浸透しています。スタッフ同士、互いにいいところを見つけた時、感謝した時に〝サンクスカード〟を書いて送り合うのですが、いただけるとすごくうれしいですね」

　昨年、このホテルの「ベストスタッフ」として選ばれ、全国表彰されたと聞きました。

「1年間に獲得したサンクスカードの数と総支配人の推薦で、各ホテルから1人ずつ選出されるのがベストスタッフです。年に1度、国内同グループのホテルからベストスタッフが一堂に会して、表彰式と研修会が行われます。普段は交流することのない全国各地のホテルスタッフですが、みんなホテルが好きで目標意識の高い方が多く、いい刺激をいただいて帰りました。場所は違えど同じ気持ちで日々の仕事に向き合っていることがわかり、自分の自信にもつながりました」

　今後の目標を聞かせてください。

「私はフロントで一番経験が浅くまだまだ勉強中ではありますが、今後は後輩を育てる立場になっていきます。先輩方のように自信を持って後輩に教えるため、目の前の問題を1つずつ解決して、さらに自信をつけていきたいと思っています」

I'M ENJOYING MY LIFE

いい刺激もらってます 地元友人の「頑張る姿」

　長崎出身の井手さんの休日の過ごし方はもっぱら友人とのおつきあい。

「地元の友人と一緒に出掛けることが多いですね。すてきな飲食店を見つけると“今度お客様にご紹介できそう”と自分の中のリストに加え、仕事に役立てています」

　同じように地元就職組の友人とはどんな話になるのでしょう。

「よく会っている友人は看護師なのですが、すごく頑張っていて、その話を聞くたびに刺激をもらっています。友人は、患者さんのためにやってあげたいことが山ほどあるのに、やるべきことが多くてできていないと話します。私はどうだろうと考えると、まだまだできることがあるはず、頑張ろうって思えるんです。職種が違っても、相手を想う気持ちには共通するものがありますね」

友人と過ごす時間は、一番のリフレッシュタイムです。最近フィットネスジムに通い始めました。自分磨きのため、続けてみようと思っています。

LET'S ENJOY LIFE

NAGASAKI WORK STYLE

9

株式会社 KTNソサエティ

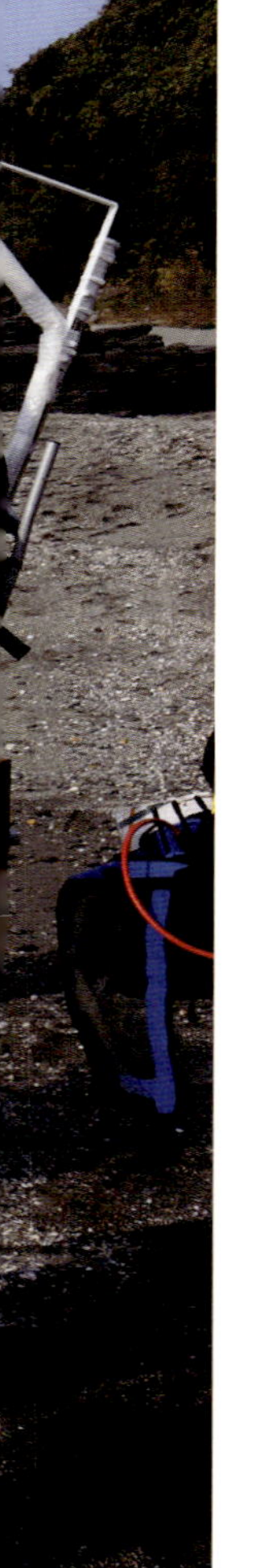

積極的に新しいことに挑戦するプロフェッショナルな人材を育て時代の変化に対応していく

PROFILE

中田　晶さん

代表取締役社長

長崎市出身。立教大学法学部を卒業後、1982年4月にKTNテレビ長崎に入社。その後、2015年6月にKTNソサエティの社長就任。放送業界の変化に合わせた事業展開の必要性を感じており、今後は4Kでの番組制作やネットコンテンツの多言語化などにも積極的に取り組むとのこと。人材育成にも力を入れており、現場と連携しながら社員一人ひとりを大切にしている。

KTNテレビ長崎のグループ会社として1987年に設立された株式会社KTNソサエティ。主に番組やネットコンテンツの制作のほか各種イベントなども行い、映像制作部門では長崎で重要な立場を担っています。中田晶社長のお話です。

「テレビ番組はたくさんの人が視聴するため、大きな責任があります。ですから常に緊張感が必要ですし、それと同時に多くの人に番組を見てもらえる喜びがある仕事です」

カメラマンやディレクターの業務は専門性が高いため、人材育成には特に力を入れており、若手も働きやすい職場環境を整えているとも語ります。

「最初はゼロからのスタート。先輩たちの指導を受けながら少しずつ技術を向上させていきます。また番組制作は肉体的・精神的にきついイメージがあるかもしれませんが、メリハリをつけて休めるようにしています。クリエイティブな仕事なので

株式会社KTNソサエティ
長崎市金屋町1-7(テレビ長崎本館B1F)
TEL.095-822-1266(代表)
http://ktn-society.jp
■設立/1987年11月
■代表/代表取締役社長　中田　晶
■資本金/3,000万円
■社員数/108名
うち正社員83名(男性53名、女性30名)
■初任給/大卒 175,000円、定期昇給、賞与(年2回)あり
■休日休暇/週休2日制　年末年始休暇(12/30～1/3)リフレッシュ休暇(年2日)
■福利厚生/加入保険(健康、雇用、労災)厚生年金、有給休暇(バースデー休暇・時間単位有給休暇)、特別休暇・退職金制度・育児・介護休業制度ほか
▼インターンシップ受け入れ/有り
▼大学生アルバイト受け入れ/有り
▼採用担当者連絡先
TEL.095-822-1266(山口)
ktns@ktns.co.jp

現場ではカメラマンやアシスタントと協力しながら進行。ハードな撮影もありますが、スタッフ全員で協力しながら乗り越えていきます。

四六時中やっていても効率が上がりません」

誕生月に有給を1日設ける「バースデー休暇」を制度化するなど、会社として働きやすい環境作りにも励んでいます。テレビの番組制作はもちろん、近年は官公庁のPRビデオやネット動画も数多く手がけるKTNソサエティ。限られた短い時間で表現するため、映像やテロップ、音楽を印象に残るよう工夫。さらに情報技術の変化にも柔軟に対応します。

「視聴者がSNSで拡散することを前提に、ホームページなどの他媒体も含めた情報発信を行なっています。また、価値観が多様化しているので、日々勉強することが大切です」と中田社長。そんな時代の変化への対応が求められる時代に、中田社長が採用したい人材は「知的好奇心のある人」とのこと。

「想像力溢れる企画を立て、積極的に新しいことに取り組める人材が必要なんです。また、クライアントや取材相手とはあくまでパーソナルな関係。いかに信頼関係を築き上げるか。最終的には、人間力が重要です」

時代が変化しても、心を込めた番組・映像制作のマインドは変わりません。

NAGASAKI WORK STYLE 9

株式会社 KTNソサエティ

自分から関心をもちながら視聴者の反応を考えて訴えかける番組を作ります

好奇心を原動力にして、いろんなことを体験しながら発信できる仕事ですよ!

山口史乃さん

番組制作の全体に関わるディレクター。その仕事の領域は幅広く、入社5年目となる山口史乃さんも「企画や台本、構成の立案、取材同行や編集作業まで。とにかくなんでもしますよ」と笑顔。さまざまな人や団体を取材する中で心がけているのは、自分から興味を持つことだそうです。

「どんな風に切り取れば視聴者に伝わるのか分析することが必要で、まず自分が好奇心をもって接することが大切だと思います。また番組制作では、自分の主観だけではなくクライアントからの要望を常に意識しています。打ち合わせに時間をかけて、どんな映像を求めているのか共有します。先方の一挙一動から感じ取って、映像

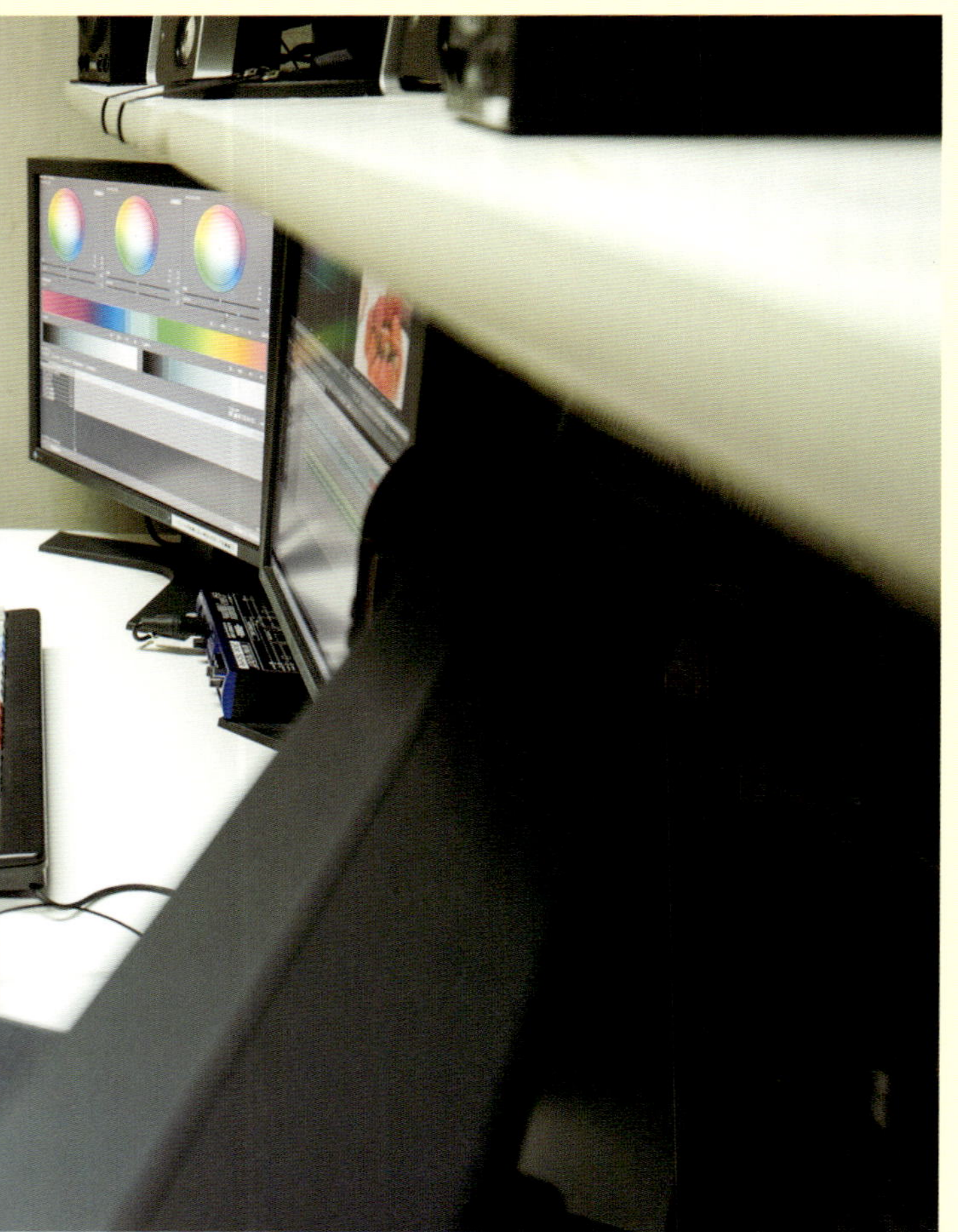

長時間撮影を行なっても、実際に使える映像はほんの一部。番組のテーマはもちろん、視聴者層や時間帯、媒体などを考慮した上で、大切な部分を繋ぎ合わせていきます。全くの未経験から始めた山口さんですが、今では編集機の扱いも慣れたもの。撮影した映像をスムーズに切り取ります。

KTNテレビ長崎の夕方の番組「ヨジマル!」で毎週木曜日にお伝えしている「中継いっぽん勝負!」という長崎亭キヨちゃんぽんさんのコーナーも山口さんの担当。

の打ち出し方を工夫することもありますよ」

一人よがりにならず、常に周りの反応を受け止めることが質の高い番組を作るために欠かせない、とも。ところでテレビといえば専門知識が必要なイメージがありますが、KTNソサエティの場合、もともと未経験だったスタッフが多いと言います。山口さんも同様とか。

「自分に何ができるのか分からず、大学の就活では地元の県内企業を幅広く志望していました。その頃から興味が散漫だったんですけど（笑）、ある意味、ディレクターという仕事は興味を絞り過ぎないくらいがいいのかもしれません。ベテランのスタッフも多く、わからない仕事は一から教えてもらいながら覚えていきました」

近年はネット向けの短い動画制作の依頼も増加中。山口さんは視聴者の特性を考慮して、撮影や編集のテンポを微調整します。目標は再生数の多い動画を作成して「バズらせること」。しかし逆に、しっかり時間をかけるドキュメンタリー番組にも取り組みたいそう。

「どちらもできるのが我が社の強みかもしれません。いい意味で飽きずに仕事を続けられます」

まだまだ山口さんの好奇心が尽きることはありません。

I'M ENJOYING MY LIFE

自分の楽しい休日が仕事のヒントに繋がる

まとまった休みが取れたら、旅行でリフレッシュする山口さん。県内各地をふらっとドライブすることもあるとか。会社の同僚とも仲良しで、バーベキューをしたり、福岡まで遊びに行ったりすることも。「でも職業病なのか、出かけるたびにみんな『ここ取材に良さそうだよね』とか話しちゃうんですよ（笑）」。

プライベートが仕事に関係する場面もありながら、それも含めてオフのひと時を満喫しています。「自分が感じた、楽しい、おいしい、素敵だなっていう気持ちをフィードバックできる仕事なので。何気ない経験がアイデアになるのかもしれません」と話す山口さん。仕事との自然体な向き合い方が、休日の過ごし方を充実させてくれます。

会社の同僚と福岡のフォレストアドベンチャーに。様々な現場を一緒に乗り越えることで、自然と仲も深まります。

LET'S ENJOY LIFE

後藤運輸株式会社

長崎の国際貿易400年の歴史これを後世へと継承するのが我々の会社の使命です

PROFILE

牧　正康さん

専務取締役

1973年長崎市生まれ。神戸・後藤回漕店の長崎出張所として海陸運送を始め、後に事業継承した「後藤運輸」創業者の1人・牧定男氏の孫。現社長・牧文春氏は父親にあたる。1999年に入社し、現在は専務取締役として腕をふるう。

長崎港の一角、出島町にある長崎税関の傍らで、長崎の物流を支えつづける後藤運輸。牧正康専務取締役の快活な笑い声が響きます。

業務内容が多岐にわたっているように思えますが、「運輸業」と表現していいのでしょうか。

「当社の仕事を、あえてひと言で表すならば『国際物流』でしょう。他社と大きく違うところは、国際貿易を扱う点です。

たとえば、三菱重工の製品を海外へ送る際、その特殊な形状に合わせた梱包を設計から手がけ、保管、通関手続き、そして輸送という一連の流れをすべて当社で行います」

通関……海外旅行でもしない限り、税関を意識することはありませんでした。

「そうかもしれませんね。私たちの身の回りにある日用品のうち、完全に国内だけで作られたものはほとんどないでしょう。誰かが外国から材料や製品を輸入したことにより、それらを使えるわけです。ですから、

後藤運輸株式会社
長崎県長崎市出島町2-16
TEL.095-824-0510(代表)
http://www.gotounyu.co.jp/
■設立／1949年
■代表／代表取締役社長　牧　文春
■資本金／6,000万円
■社員数／167名
　うち正社員149名(男性122名、女性27名)
■初任給／180,000円

■休日休暇／土日祝、年末年始
　6カ月経過後の年次有給休暇日数10日
■福利厚生／加入保険(健康・雇用・労災)厚生年金
　退職金制度　有(勤続3年以上)
▼インターンシップ受け入れ／有り
▼大学生アルバイト受け入れ／無し
▼採用担当者連絡先
　TEL.095-824-0512(出口)
　ayako-deguchi@gotounyu.co.jp

小ヶ倉町柳埠頭の営業所は、後藤運輸の業務の中核を担う重要な拠点。大型の倉庫が6棟並びます。

国際貿易を総合的にサポートしている私たちは、生活を陰から支えているという自負があります」

社名の「後藤」というのは、どなたの名前ですか。

「幕末から明治にかけて活躍した神戸の実業家・後藤勝造氏の㈱後藤回漕店が、三菱重工の依頼に応じて開設した長崎出張所が当社の始まりです。1949年には、長崎県の要請で『後藤運輸』として事業を継承しましたが、後藤氏への敬意を込めて、名前はそのまま使用させていただいています」

社名に会社創業の歴史があるんですね。

「長崎と貿易との関わりにも、400年の歴史があります。出島という特別な場所で国際物流の仕事に携われるのは、本当に幸運なことだと思っています。

物流は人々の快適な生活のために不可欠なものですが、当社のような存在はあまり知られていません。現在活躍中の社員たちにも、実際に会社を見に来て初めて業務内容を知ったという者も多いです。ぜひ一度話を聞きに足を運んでもらいたいですね」

後藤運輸の本拠地・出島は、今も昔も海外へと開かれた窓なのでした。

後藤運輸株式会社

長崎の地で、世界と繋がる物流事業に携われることに何より魅力を感じました

難関国家資格「通関士」の在籍数は県内随一。早く取得して業務に幅を持たせたいです

川原 梓さん

NAGASAKI WORK STYLE 10

入社4年目を迎え、ますます意欲的に仕事に取り組む川原梓さん。県外の大学からUターン就職という形で、長崎に戻りました。

「大学3年生の時に、商工会議所青年部のイベントスタッフを経験したのですが、それをきっかけに自分の地元である長崎の活性化に貢献したいと考えるようになりました。最初に当社について知ったのは、長崎の企業を調べていた就活情報サイトです。実際に会社を訪ねて話を聞いて、納得の上で入社を決めました。

当時は豪華クルーズ船『アイーダ』建造の大詰めで、社内が大忙しの真っ最中。1年目は輸入の通関業務に従事しており、覚えることが多くて無我夢中で過

倉庫内に一時保管された輸出品。梱包ケースの設計・製作から手がけるので、安全に運べるのです。

ごしました。

現在は、香焼地区の三菱造船の長崎調達グループに駐在していま す。LPG、LNG船といったガス運搬船の船体ブロックや居住区、エンジンケーシング、機関室ユニットなどを韓国の工場へ海外調達しているのですが、そちらに部材を送り、造られたものを輸入するという仕事です。韓国のメーカーと連絡を取り合いながら、支給品関係、納期調整から入荷出荷まで、さまざまな手続きをしています。先方には日本語が達者な方も多いので助かっていますが、必要があれば英語も使います」

いろいろと経験し、3年間ですっかり成長したんですね。

「実は1年目に通関士の資格にチャレンジしたんですが、まだ知識が薄かったらしくて……合格率が10%ほどでなかなか難しいものの、通関保税業務に関わる上で役立つ資格なので、取得できるよう頑張りたいです」

就職活動中の人へアドバイスはありますか。

「私の経験から学生さんたちに助言するとしたら、さまざまな立場の人と交流できる場に、積極的に参加するのがいいということでしょうか。社会に出て必要になってくる、聞く力・話す力を身に付けながら、視野を広げていってほしいです」

ポジティブな言葉に明るい笑顔の川原さん、頼れる先輩として新入社員を導いてくれそうです。

さまざまな輸入建材が収められた倉庫にて検品作業する川原さん。庫内にはクレーンがあり、大切な荷物を傷つけることなく移動します。

I'M ENJOYING MY LIFE

地元長崎だからこそ、家族や友人に支えられ

業務によって多少違いはあるものの、事務職は基本的にカレンダー通りの週休2日。仕事にプライベートに、充実した日々を過ごす川原さんです。

「終業後に同僚と飲みに出かけたり、休日にのんびりしたり、いい具合に気分転換できています。映画を観るのも好きですし、思い立ってふらっと旅行をすることもあるんですよ。卒業後に全国に散らばっていった大学時代の友人、高校まで一緒に過ごした地元の同級生たちなど、友だちと一緒の旅は楽しいですね」

今年のGWは、お母さんとシンガポールを訪れたという川原さん。楽しい写真を見せてくれました。

「地元だからこそ、家族や友人たちの存在に支えられ、心強く感じています」

LET'S ENJOY LIFE

株式会社
西海建設

港湾から陸上土木、建築まで予算まるごと現場が采配できる辛い、厳しい、だからこその達成感

PROFILE

向井敦朗さん

常務取締役

福岡大学法学部卒業後、1978年入社。工事部次長、取締役工事部長を経て現職。「法学部出身で、土木も建築もまったくゼロから取り組みましたが、工事部長までさせていただきました。それだけ、学歴よりも本人のやる気や実力を認めてくれる会社です」。東京湾のアクアラインのパーツ作りにも携わる。「あれは面白い仕事でしたね」。飛行機から見下ろす海ほたるや風の塔は長崎生まれだったとは!

長崎でも大手の建設業、西海建設。向井敦朗常務にお話を聞きました。

「当社は昭和32年創業で、港湾土木から始まり、道路やダムなどの陸上の土木構造物、そして建築と業種を広げていった総合建設業です」

東日本大震災後の復興支援でも活躍したそうですね。

「はい。当社の起重機船が宮城県石巻や女川沖の海底の瓦礫を除去する作業を3年間ほど行い、先日ようやく帰ってきました。地域貢献も我が社の使命であると社長も常々言っています」

採用担当でもある常務は、面接で必ず言う言葉があると聞きました。

「うちは辛いぞ厳しいぞ。でもそこが自慢。3年辛抱したらきっと楽しくなる、と。何しろ徹底した現場第一主義で、できるだけ現場で働く人に権限を与えています。大卒で入社5年過ぎると、所長として現場に送り出し、工程、工法、協力会社の選定な

皓臺寺の庫裏、書院の新築工事も西海建設。商業ビルだけではないのです。

株式会社西海建設
長崎県長崎市興善町2-8
TEL.095-825-1413(代表)
http://www.saikai-grp.com
■設立／1957年8月
■代表／代表取締役社長　寺澤律子
■資本金／9500万円
■社員数／正社員165名(男性143名、女性22名)
■初任給／(土木・建築施工管理)
　大学院卒 213,540円　大卒 209,000円

■休日休暇／日、祝、隔週土、夏季休暇、年末・年始休暇、リフレッシュ休暇、有給休暇
■福利厚生／加入保険(雇用、労災、健康、財形)
厚生年金、退職金共済、単身用住宅あり
▼インターンシップ受け入れ／有り
▼大学生アルバイト受け入れ／有り
▼採用担当者連絡先
TEL.095-825-1413(中村)
info@saikai.ne.jp

長崎市京泊の新長崎漁港も手がけた仕事の一つ。他に常盤・出島地区埋立造成など、特に港湾土木は長崎県内のかなりのシェアを占めています

ど1億円ほどの予算の裁量をまかせます。これは面白いですよ。もっとも、責任を負いたくない、毎日5時に帰りたい人には向きません(笑)」

なんと大胆な……しかも離職率は低いですね。

「この仕事をやりたいと手を上げる積極的な人なら、うちほどやりがいのある会社はありません。それに地元長崎を拠点としている企業なので、毎日家族との団欒を大事にできます。昨年も12名採用しました。技術者の資格取得は会社が全面的に応援しますし、合格すれば資格手当てで給料も平均4万円上がります。通勤費も独自のシステムがあります。現場は車で行くことが多いため、個人の車を借り上げるのです。燃料代、自動車保険は会社持ちで軽自動車でも月2万円支払いますが4年分前払いもできます。条件を整えた上で実力主義でもあり学歴関係なくやる気があれば上に上がっていけます。仕事に何を求めるかにもよりますが、単に生活のために働くだけでなく、限界まで努力して最後に達成感を得る喜びというものも存在すると思います。我が社にはそれがあります。学生さんはよくよく考えて決めることです」

現場第一主義で実力主義。人生観の変わる会社が長崎にもありました。

株式会社
西海建設

1日1日現場の風景が変わり 工事を終えるとそこに新しいものがある それが土木の醍醐味です

県外の大学からのUターン組です。現場に責任を一任する社風だからこそ味わえる感動がありますよ

田中雄大さん

NAGASAKI WORK STYLE 11

西海建設には他県の大学から長崎に戻る、いわばUターン組が何人もいます。土木工事部主任の田中雄大さんもその一人。

「宮崎大学で土木を学び、就職しました。就活の時は、ゼネコンに入るか、宮崎に残るか、長崎に戻るか、決めないまま情報を集めて、その中で西海建設を知りました。調べているうち、長崎水辺の森公園など、自分も知っている工事の実績もあることから、ここなら長崎での大規模な仕事に携われるのではないかと。面接で会社の人たちに会ったとき、すごく明るい雰囲気で人間関係が想像できたことも大きかったですね」

それはつまり、身の振り方を決めるより先に、会社に惚れたとと？

「はい。入ってみると思った通り

終日現場に出ることもあれば、こうして本社でデスクワークに携わることも。一級土木施工管理士の資格は、大学卒業後、最短の2、3年で取得しました。「会社が全面的にバックアップしてくれ、個人負担がなかったのもありがたかったですね」

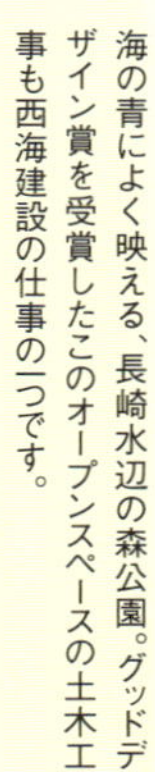

海の青によく映える、長崎水辺の森公園。グッドデザイン賞を受賞したこのオープンスペースの土木工事も西海建設の仕事の一つです。

港湾から陸上まで幅広いし、先輩方もざっくばらんな人ばかりでした」

田中さんは入社7年目。一級土木施工管理士の資格もお持ちですから、もう現場を任されるんですか。

「昨年初めて自分の現場を持ちました。長崎市の式見漁港で既存の防波堤を大きく作りかえる工事の責任者となりました」

どうでした？

「いや、もう、金額も大きいし、何でも自分が決定しないといけないし、失敗したらどうしようかとびくびくしながらやりましたよ」

あ、やっぱり怖いんですね。

「すごく怖かったです。責任が重ければ重いほど、やっている最中はすごく悩むし怖いけれど、完成するとそんなことは忘れてしまうほどの達成感や充実感がこみあげてきました。普通は本社から決められたことを遂行するのでしょうが、それじゃ楽しくない。責任を現場に一任する社風のあるこの会社だからこそ味わえる感動がありますよ」

現在は77宅地ぶんの土地区画の宅地造成工事に取り掛かっているという田中さん。

「1日1日、現場の風景が変わっていく様子を見るのが好きです。特に港湾土木になるとスケールが大きくて、工事が終わると、そこに新しいものができている。それが土木の面白さです」と最後に教えてくれました。

I'M ENJOYING MY LIFE

社員の3割は29歳以下 20代が多いのが特徴

全社員の約3割は29歳までの社員が占めているという西海建設。若い世代が主力になって活躍しているのです。田中さんと同じ世代の社員もたくさんいるのだそうです。

「同じ宮崎大学から来た後輩も、2人います。だから週末は会社の仲間たちと飲みに行ったり、たまには遠出してスノボに行ったり、野球やサッカーなどスポーツ観戦にも行きます。あとは……日曜日がしっかり休めるので、奥さんと2人で買い物などに出かけます。水辺の森公園などで開催されているイベントに足を運んだりします」

就労中は1日中現場を歩きまわり、よく日に焼けている田中さん。休みの日も、港湾土木の代表作ともいうべき場所に足を運ぶんですね。

野球観戦のひとコマ。会社の仲間とは仕事だけでなく遊びも息が合うようです。

LET'S ENJOY LIFE

株式会社三基

従来の建設業にプラスα 環境負荷を抑えたバイオマスボイラを開発 新しい人事評価制度で社内も活性化

PROFILE

山口雅二さん

代表取締役社長

1955年長崎市生まれ。福岡大学商学部卒業後、1981年、入社。1997年より現職。長崎県建設工業協会組合副理事長や長崎県港湾漁港建設業協会副会長、2016年より長崎商工会議所副会頭。会社の創業は1951年。島原営業所、諫早営業所ほか、2005年には福岡支店開設。2008年～2016年グラバー園の管理運営を手がける。

建築や土木工事のほか、木質バイオマスボイラの開発などのエネルギー事業を手がける三基は、幅広いジャンルに挑戦し続ける会社です。山口雅二社長にお話を伺いました。

「20年前から環境にやさしい再生可能エネルギーにビジネスチャンスを見出し、木屑などの有機質資源を燃料としたボイラを開発しました。重油より安く環境負荷も少ないものです。東京ビッグサイトの環境展に出展したところ全国から問合せがあり、現在は全国15ヶ所に導入されています。また、独自の技術を用いた浮桟橋を開発し、沖縄を中心に設置が進んでいます。建設業は受注産業なので、公共工事だけでは限界があります。我が社では新しい発想を商品化する営業開発部やエネルギー事業部など単独セクションで事業を進めています」

三基のもう一つの主力、発泡スチロールを使った浮桟橋「FCマリン」。写真は沖縄宮古島の荷川取漁港。

株式会社三基
長崎県長崎市大橋町22-14
TEL.095-847-7171（代表）
http://www.sanki-nagasaki.co.jp
■設立／1951年7月
■代表／代表取締役社長　山口雅二
■資本金／2,000万円
■社員数／正社員69名（男性62名、女性7名）
■初任給／大卒 179,000円
■休日休暇／105日　1年単位の変形労働時間制（4月～6月:完全週休2日・7月～3月:隔週土曜日休日）
■福利厚生／退職金制度有・雇用保険・労災保険・健康保険・厚生年金・建設業退職金共済制度・中小企業退職員共済制度
▼インターンシップ受け入れ／有り
▼大学生アルバイト受け入れ／有り
▼採用担当者連絡先
TEL.095-847-7171（木寺）
yuuji-kidera@sanki-nagasaki.co.jp

こちらが木質バイオマスボイラ「サンサンバイオ」。独自の燃焼技術をもとに開発されており、CO2排出を抑制し、燃料費も節減されます。福岡の温泉施設や島原のしいたけ生産場などにも導入されています。平成29年度「長崎市優れモノ認証品」でもあります。

長崎商工会議所の副会頭も務める山口社長は、自社の発展だけでなく、より高い視座から、長崎全体の活性化を考えています。

「過疎化は長崎の大きな問題ですが、廃校になった学校を再生させる事業も考えています。バイオマスボイラを使いながらの水耕栽培や、災害時の避難場所として使えるコミュニティなど、活用を模索しています。賛同してくれる会社があればコラボレーションもいいですね」

ところで近年、新しい制度を導入したそうですね。

「外部の専門家を入れて新しい人事評価制度を導入しました。具体項目で評価し、みんなが納得する形で給与や待遇に反映させていく評価の〝見える化〟です。また、長崎県の健康経営宣言の認証に向けても動き出しました。健診受診や禁煙制度、メンタルヘルスなど5つの項目を遵守することで、社員の検診も補助が受けられるメリットがあります。しかし一番のメリットは社員が健康であれば生産性も効率も上がるということです」

建設業界というと、古い体質のイメージがありましたが、こちらは着々と進化し続けているのですね。

株式会社
三基

建設業経理士、宅建、次は税理士 30歳まではがんばって勉強したい それが自分の糧になる実感があります

日々の領収証などの伝票入力、給与計算、社会保険の手続き。入社4年目の西田大樹さんは、経理部の若手ホープです。

「我が社は5月決算なので、今は決算業務に追われています。これまでは完全担当制だったのですが、今は経理全般を一通り経験しています。3年間で全体が見渡せるようになりました。今後は決算も一人でこなせるようになるのが私の課題です。人事評価制度も導入されましたので」

人事はデリケート。そのわりに社員同士で情報も流れますから、みんなが納得するフェアなシステムなら大歓迎ですね。

「はい。どうしたら経費が節減できるか、比較表を作って提案するのです。例えば男性が5日連続で

経理の業務は一通りこなせるようになった西田さん。誰かが休んでも力バーできる合理的なシステムなのです。戦力としても頼りにされています。

年に2回は上司と面接で評価項目別にヒアリング。努力は評価されて給与やボーナスに反映されます

海上のコンクリート工場ともいうべきコンクリートミキサー船「グラバー」も港湾事業で活躍中。

西田大樹さん

育児休暇を取ると、労働局から助成金が出るとか。今は補助金や助成金は多種類あります。自分で調べたりセミナーに参加したりして情報を集め、業務改善を提案することで会社の福利厚生にもなります」

評価制度導入前と後では違いますか？

「年に2回、上司と面接があって、業務を細かく項目分けして採点されるのですが自分の仕事を客観的に見られるし、苦手分野も自覚できるようになりました。努力が給与やボーナスに跳ね返り、ちゃんと評価されている実感がありますね」

この会社に入社したポイントは？

「家から近くて初任給が高かった(笑)。それに、社長が若者を育てる気概のある方と知りました。でも入社するまでは建設業って工事現場でコンコンって作業する会社だと誤解していました。3Kとか。実際には公共工事を受注して現場監督をしたり測量をしたり…全然イメージと違っていました。加えてここはバイオマスや太陽光発電事業、不動産賃貸業など、多岐にわたっており興味がつきません」

3年間努力して難関の建設業経理士1級に合格した西田さん。目下の目標は宅建、そしてゆくゆくは税理士の免許も目指しています。

「30歳まではがんばって勉強しようと決めています。それが自分の糧になって仕事に活かせるし、評価される会社ですから」

I'M ENJOYING MY LIFE

積み立て有給休暇制度で気持ちに余裕あり

休日に遊ぶ友達がいなくなるから県外に行く気はなかったという西田さん。同級生の何人かは県外に出て東京などで就職しているそうです。「たまにこちらに帰省すると会うのですが、みんなめっちゃくちゃ寂しそうで、あっちに戻るのが嫌だとか言っています。都会の生活も思ったほど楽しいわけではないようです」

仕事を頑張るためにも、休日は充実させたい、そんな西田さんにとってこちらは有給が取りやすいことも魅力の一つ。「それに積み立て有給休暇制度というのがあって、最大40日積み立てられます」

病気や入院にも備えられ、育休にプラスすることもできるのだそうです。いいシステムですね。

「自分の給料で買いました！ ローンですが(笑)」という自慢の新車とともに。ドライブでいった波佐見町でハンモックのあるカフェを見つけ、お気に入りなのだそうです。

LET'S ENJOY LIFE

NAGASAKI WORK STYLE 13

社会福祉法人 致遠会（ちえんかい）

地域の福祉に貢献できる人材を育成
チャレンジしたい！と思う
やる気をバックアップします

PROFILE

野濱哲二さん

理事長

1968年長崎市生まれ。長崎大学経済学部卒業。地元銀行で9年間勤務したのち、2001年に社会福祉法人 致遠会に。2016年より現職。日頃から意識しているのは、相手に対して、つねにプラスの言葉で思いを伝え、そして「ありがとう」と感謝の言葉を使うこと。

致遠会は長崎市の北部地域を中心に、特別養護老人ホーム、訪問介護、居宅介護支援事業所、有料老人ホーム、ショートステイなどの介護・福祉事業を幅広く展開している社会福祉法人です。法人が設立されたのは1973年。1993年に介護事業を始め、「介護のサンハイツ」として地域に根ざした存在になりました。野濱哲二理事長のお話です。

「高齢者の施設・在宅生活を支援するサービスの運営とともに、力を注いできたことが人材育成です。新卒採用者の中には、介護福祉士の資格を持っている人もいれば、そうでない人もいます。資格や経験がなくても心配はいりません。当法人では、介護福祉士を養成するための実務者研修（通信制）を開講しており、受講する職員には費用を全額負担します。ほかにも研修や資格取得制度を整えており、専門性は入職後でも身に付けられます。何よりやる気を尊重しますので、若くして管理職にな

社会福祉法人 致遠会
長崎県長崎市油木町65-14（法人本部）
TEL.095-843-3812
http://www.sanhaitsu.jp
■設立／1973年
■代表／理事長　野濱哲二
■社員数／745名
うち正社員299名（男性98名、女性201名）
■初任給／大卒　174,800円〜、
短大・専門卒 171,800円〜、高卒 169,000円〜

■休日休暇／4週8休　有給休暇、特別休暇、育児休業、介護休業、介護休暇、看護休暇等
■福利厚生／社会保険完備、退職金制度、資格取得支援制度、保育料補助制度、キャリアアップ制度、職員表彰制度
▼インターンシップ受け入れ／有り
▼大学生アルバイト受け入れ／有り
▼採用担当者連絡先
TEL.095-843-3812（林田）
info@sanhaitsu.jp

「特別養護老人ホームサンハイツ」の新館フロア。まるで自宅で暮らしているような居住空間です。致遠会では緑が丘中学校、淵中学校の校区内を主に、55の事業所を展開。育児サポート、資格取得支援体制にも定評があります。

ることも夢ではないんですよ」

こちらでは結婚や出産をきっかけに、退職する方が少ないと聞きました。子育てと仕事を両立するために、どのようなサポートを行っているのですか？

「まず事業所の数自体が多いので、たとえば夜勤がある職種からそうでない職種へ移るなど、生活スタイルに応じて、希望する部署に異動しやすいというメリットはあると思います。当法人では保育園も運営しています。また、職員のお子さんの保育料についても法人で補助しており、職場から保育園までバスでの送り迎えもあるんですよ。一緒に出勤して、仕事が終わったらそのまま帰宅することができます」

今後ますます、福祉・介護の充実が地域を支える時代になると言われています。この仕事にたずさわることは、社会貢献にもつながると感じました。

「そうですね。介護は誰でもできる仕事だと言われますが、実際は高齢者の方々の命に関わる大切な役目を担っています。基本理念のひとつに、〝ご利用者様の『ゆたかに、安らかに、自分らしい生活』を支援します〟と掲げていますが、自分らしい生活は人それぞれです。つねにその方にとっての幸せとは何か、自分らしさとは何かを考えながら取り組んでいきたいと思っています」

社会福祉法人
致遠会

一つ一つの行動には意味がある 仕事の奥深さにふれた時 やりがいはさらに大きくなります

介護福祉士の
勉強だけでなく
いろいろなことを
経験してみたい!

髙比良理紗さん

NAGASAKI WORK STYLE 13

介護付有料老人ホームサンハイツ富士見で、介護士をしている髙比良理紗さん。大学では経済学部で地域づくりを専攻していたそうです。福祉の世界へ飛び込もうと思ったのは、なぜでしょうか。

「祖母が在宅で、理学療法士やヘルパーさんにお世話になっていました。私自身、就職先を考え始めた頃皆さんとお会いする機会があり、こういう仕事もあるんだなって選択肢のひとつになりました。『地域密着』『地域づくり』というキーワードで探していたら、ここがヒットしたんです」

仕事内容を教えてください。

「移動や食事、排泄などのお手伝いが主です。ケアマネジャーが作成したケアプランを基に行動しま

サンハイツ富士見は1階がデイサービス、2階から5階までが有料老人ホーム(一般型・住宅型)になっています。髙比良さんは入浴、排泄、食事など入居者の介護や、日常生活上のサービスを提供しています。

朝と夕方、利用者の皆さんと一緒に体操をします。先生役はスタッフ間で持ち回り。この日は髙比良さんが担当でした。

すが、一番身近にいるのは私たち介護士ですから、入居者様の日々の変化をつぶさに把握して、ケアプランに役立てることも大切な仕事だと思っています。一つ一つのサービスには意味があって、とても深いなぁと思います。たとえば、料理は完成したままを食べた方が見た目もきれいだし、美味しく食べられますが、咀嚼や飲み込みの機能が衰えている方にとっては食べづらい。食べる量が減らないように、細かく刻んでみたり、とろみをつけてみたりします。穏やかな生活を送れるように、先輩方、ケアマネジャー、生活相談員、ご家族と相談しながら方針を決めていくところにもやりがいを感じます。職場の人間関係もとても良くて、不満はゼロ！です」

介護福祉士の資格取得に向けて、勉強も始めたそうですね。仕事との両立は大変ではないですか？

「勉強はなかなか、思い通りに進みません（笑）。金銭的な面でサポートもしてくださるので、頑張りたいです。自分で言うのはおこがましいかもしれませんが、この仕事は私に合っていると思います。まだ漠然としていますが、これからいろいろな経験を積んでみたい。大学で地域づくりを学んだので、将来は地域包括支援センターで社会福祉士として、広く活動できたらいいなと考えています」

I'M ENJOYING MY LIFE

地元の友人とドライブへ カフェランチで気分転換

もともと卒業後の進路に、「県外」の選択肢はなかったという髙比良さん。「両親の近くにいたいと思っていましたし、長崎の街の規模が私にはちょうどいい。都会は怖いです（笑）。休日はほとんど、外出しています。カフェランチとドライブが好きなので、気になる情報を見つけたら友だちと一緒に出かけてみます」

親しい友人が、身近にいてくれるのは地元ならではですね。

「そうですね。私と同じように平日がお休みの人も結構いるので。最近も島原方面へドライブしました。公園で花を見て、観光気分も楽しめました」

島原市内の「しまばら火張山花公園」へ。国見町のオシャレなカフェでランチを楽しみました。時には、佐賀や福岡まで足をのばすこともあるそうです。

LET'S ENJOY LIFE

チューリッヒ保険会社

人を思いやる心が原点 ケアの精神とイノベーションの発想で 長崎人の特長は企業を牽引していく鍵に

PROFILE

岡村安紀さん

人事部 マネージャー

新潟県生まれ。大学卒業後、別業種の企業にて人事業務を担当し経験を積む。2005年、中途採用で入社。東京本社オフィス人事部での勤務を経て、2015年6月長崎に赴任。長崎港が一望できる新オフィスがお気に入り。単身赴任のため不便もあるが、海、山、おいしいものに囲まれた長崎暮らしを満喫している。当初苦手だった甘めの長崎醤油が、今ではなくてはならない存在になった。

世界210以上の国と地域で保険商品・サービスを展開するグローバル企業、チューリッヒ保険会社の長崎オフィスを訪ね、人事部次長の岡村安紀さんにお話を聞きました。

長崎オフィスは2015年2月に開設されたそうですね。

「はい。日本では東京、大阪に次ぐ3番目のコンタクトセンターとして、長崎市桜町に開設。さらなる業務拡大のため、2018年2月より出島町に移転しました」

他のオフィスと長崎オフィス、どのような違いがあるでしょうか。

「やはり人柄が一番違います。私は長年東京で勤務してきましたが、長崎の人たちは人と人との距離が近く、新しいことへのチャレンジにも積極的。〝誰かを助けたい〟、〝他にできることはないか〟というサポーティブでポジティブなマインドの方が多いと感じます。これは私たちの

チューリッヒ保険会社
〈本社〉東京都中野区東中野3-14-20
〈長崎支社〉長崎県長崎市出島町1-41クレインハーバー長崎ビル6F
https://www.zurich.co.jp/
■設立／1986年
■代表／日本における代表者および最高経営責任者　西浦正親
■社員数／1,080名(日本)
■初任給／185,000円
■休日休暇／年次有給休暇(時間単位・半取得可能)、リフレッシュ休暇、年末年始休暇、慶弔休暇、産前産後休暇
■福利厚生／各種社会保険、退職金制度、団体生命保険、財形貯蓄制度など
▼インターンシップ受け入れ／有り
▼大学生アルバイト受け入れ／無し
▼採用担当者連絡先
TEL.0120-255-327(人事部長崎採用担当)
recruit_nagasaki@zurich.co.jp

3部署の社員全員が同じ空間で仕事に励む、ワンフロアの広々オフィスは、他部署ともコミュニケーションが取りやすく、自由で快適な雰囲気。窓からは稲佐山から女神大橋まで、長崎港が一望できるという、贅沢な眺め。

企業理念である〝ケアの精神とイノベーションの発想〟そのものなんです。わが社の精神を体現する職場として、また20～30代の若い社員が多い職場として、これからのチューリッヒの成長を牽引していく〝モデルオフィス〟になっていくだろうと期待しています」

20～30代といえば子育て世代とも言えますが、家庭との両立はみなさんどうされていますか？

「すでに子育て中のパパ、ママも勤務してくれています。シフト制なのでそれぞれの暮らしに応じた働き方ができますし、短時間勤務や周囲のサポートで、無理なく仕事と家庭を両立している人が多いようです。転勤の無い地域正社員として採用しているので、人生設計も描きやすいようですね。本人の希望、スキルによっては社内公募制度などを利用して長崎以外の拠点への異動も可能です」

岡村さん自身、長崎で働いてみて感じることはどんなことですか？

「ワークライフバランスが保ちやすい、恵まれた土地だなと思います。これだけIT化が進んだ今、仕事は都市でなくても十分可能です。住み慣れた環境の中で働ける、こんな幸せなことはないと思いますね」

チューリッヒ保険会社

誰もが初めは初心者 研修はもちろん、日々の業務の中で 社員同士しっかりサポート

シフト制や連休が取りやすい制度のおかげで、しっかり休んでリフレッシュできています

相良昌代さん

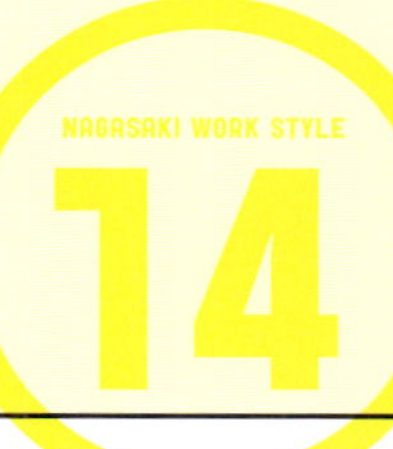

お客様の電話を受けるオペレーターとして入社。4年目の現在、オペレーターたちをサポートする側に回り、スーパーバイザーとして管理業務を任されている相良さんにお話を聞きました。

　このオフィスにはどんな電話が掛かってくるのですか。

「自動車保険の契約手続きから事故対応、傷害保険や医療保険など、当社の保険に関するあらゆるお問い合わせです。年齢、性別、内容も異なる全国各地のお客様が相手。声だけが頼りの接客ですが、こちらの表情は声に乗って伝わるもの。日頃から笑顔での接客を心掛けています」

　いろんなお客様からの幅広い問

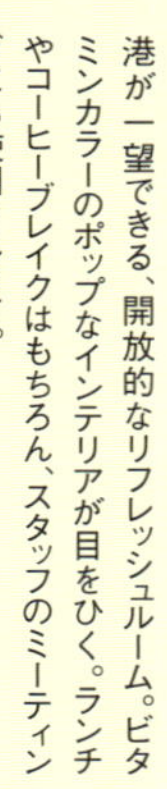

港が一望できる、開放的なリフレッシュルーム。ビタミンカラーのポップなインテリアが目をひく。ランチやコーヒーブレイクはもちろん、スタッフのミーティングにも使用されます。

い合わせに、よどみなく応えられるようになるのは大変ではないですか。

「研修と先輩方のサポートがあるので安心ですよ。私も電話応対は全くの初心者でした。子どもの大学進学を控え、正社員としての就職を考えていた時、接客の仕事を希望して入社したんです。初めの2カ月間は保険全般のことや、問い合わせ別に応対を学び、ロールプレイングを通じてやりとりを身に付けました。3カ月目からは実際にお客様の電話を取りましたが、上司がそばにいてしっかりフォローしてくれましたよ」

現在は、管理業務や新人教育に携わっているそうですね。心掛けていることは何ですか

「一番はオペレーターの体調と精神面のケア。いつでも100％の自分で電話が取れるよう、休暇の取得を勧めるのはもちろん、互いに支え合う雰囲気を大切にしています。新人さんのほとんどがコンタクトセンター業務初心者。先輩も同じ道を通ってきているので、丁寧なサポートが自然とできるんだと思います。現在の新人オペレーターたちが、次の後輩を教育する側に回り、立派に育ててくれるようになるその日を楽しみに、1人1人のスタッフと向き合っていきたいですね」

今年の春、新卒で入社したオペレーターにアドバイス。「"お客様はどこで、どんな格好をして、どんな表情でお電話されているのだろう"。相手をイメージすることで、より親近感を持って接客ができますよ」。

I'M ENJOYING MY LIFE

仕事を楽しみ、頑張れるのは周囲のおかげ

「アルバイトを辞め正社員として入社した頃、長女は高校生で部活に勉強に忙しい時期。私はバスで通勤していたため、帰りが遅くなって寂しい思いをさせたこともありました。それでも娘は"お母さん、アルバイトの時より忙しそうだけど楽しそうだね"と応援してくれて。その一言でますます仕事を頑張ることができたのを覚えています」

娘さんへの感謝の気持ちも込めて、休日には部活の応援に出掛けていたという相良さん。「高校卒業の際には"大変だっただろうに、週末ごとに試合の応援に来てくれていつもうれしかった、ありがとう"との手紙をもらい、思わず号泣。わかっていてくれたんだ、私の方こそ支えられていたんだ、と感謝の気持ちでいっぱいになりました」

現在は息子も娘も東京暮らし。たびたび会いに出掛けています。しばらく会わない間に成長している子どもの姿を見ることが何よりの楽しみ。私の励みになっています。

LET'S ENJOY LIFE

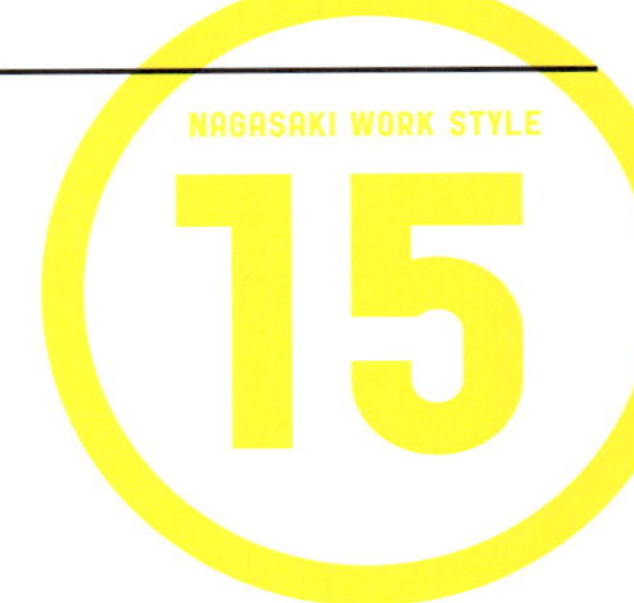

チョーコー醤油株式会社

おいしい味だけではなく安心・安全の確かな品質を長崎から世界に伝えていく

PROFILE

北野正大さん

代表取締役社長

1955年生まれ。もともと長崎市の実家が代々続く醤油屋で、29の醸造元が共同生産で「チョーコー醤油」となる際には、先人達がその声かけを行なった。今でも当時の醤油屋の家系の方が会社には多く在籍しており、連携を取りながら一致団結して商品作りに励む。日本大学芸術学部から広告企画会社を経て、1988年に入社。その後、2018年6月に代表取締役社長に就任。

もはや長崎の食卓になくてはならないチョーコー醤油の調味料。業界でいち早く無添加の醤油を開発するなど、健康で笑顔になれるあたたかな食卓を追求し続ける姿勢が、商品の信頼へと繋がっています。品質の高さだけではなく、商品のバリエーションも充実。北野正大社長は、時代や食文化の変化に合わせた商品展開を重要視しているそうです。

「サイズ違いも合わせると900アイテム以上あります。昔の家庭では、醤油やみりんといった基礎調味料を組み合わせて料理するのが一般的でした。しかし今は料理をする機会が減り『そうめんのつゆ』など用途の決まった商品が好まれる傾向があり、一つで完成する調味料を充実させています」

種類が増えても、その全ての商品に共通しているのが、おいしさと安心できる素材選び。そしてそれを伝える努力も惜しみません。

チョーコー醤油株式会社
長崎県長崎市西坂町2-7
TEL.095-826-6118(代表)
http://www.choko.co.jp
■設立／1947年
■代表／代表取締役社長　北野正大
■資本金／5,000万円
■社員数／92名
うち正社員75名(男性67名、女性25名)
■初任給／営業職 180,858円～(通勤手当除く)

■休日休暇／年間109日(当社カレンダーによる)慶弔、リフレッシュ、育児、介護、裁判員制度
■福利厚生／社員旅行補助、産休・育休制度、健康診断、リフレッシュ休暇取得制度など
▼インターンシップ受け入れ／有り
▼大学生アルバイト受け入れ／無し
▼採用担当者連絡先
TEL.095-826-6118(西)
e-nishi@choko.co.jp

大村市にある広大な敷地面積の大村工場。厳しい商品検査をクリアしたものが、ここから長崎だけではなく全国に発送されていきます。

「試食販売は年間で600カ所以上で行なっています。今の時代、おいしいのは当たり前で、そこに付加価値が必要なんです。それが、確かな原料と無添加や有機素材などによる安心・安全です。私たちは、いいものを食べていただきたい。そのためには、商品の良さを伝えていくことが大切なんです」

きちんとした食への向き合い方は、社員の家庭から始まると考えている北野社長。チョーコー醤油ではノー残業デーを設けており、その日は定時でまっすぐ帰って家族と食卓を囲む日と決めているそう。

「食事はただ空腹を満たすだけじゃなくて、人との会話や笑顔がある。まず一番身近で小さな自らの家庭で、できるところから大切にしてほしいんです」

取材時の北野社長の「社員をお預かりしている」という言葉が印象的でした。きちんとした商品を求める人は、今や関東や関西、国外にまで広がっています。それでも「あくまで拠点は長崎」と北野社長は強く語ります。「1941(昭和16)年の創業時からずっと、長崎の皆さんに支えられて歩んできました。これからも長崎生まれの醤油、味噌の素晴らしさを、日本や世界に伝えていきます」

チョーコー醤油株式会社

自分が小さい頃から慣れ親しんだ商品だから自然と頑張りたくなります

入社5年目となる福田英里子さんは、本社営業部の企画課に所属しています。

「主に営業スタッフのサポートをしていますが、案内文書やプレゼン資料だけではなくチラシやカタログ、展示会用のパネル作成なども担当します。また年に2回行われる新商品の開発会議にも参加したり、イベントの運営や味噌作り教室での先生役をしたりと、とにかく幅広いのが特徴です」

営業、工場、販売員や消費者と、チョーコーに関する様々な立場の人と接しながら、そのパイプ役となっています。頭の切り替えに苦労することもあるそうですが「それぞれの意見を汲み取って、満足していただけるよう常に試行錯誤しています」とさらなる向上

商品のリーフレット作成も福田さんの大事な役目。印刷所の担当営業に一番伝えたい事を熱心に語っていました。

単にお醤油を売るだけじゃなく、健康的で多彩な商品を食卓に届けています!

醤油や味噌だけではなく、かけぽんや麺つゆ、さらに季節限定の商品も合わせると膨大な商品数に。地域によって売れ筋商品も異なるそうで、それぞれラインナップを工夫しているそう。

福田英里子さん

NAGASAKI WORK STYLE 15

を目指しています。

生まれも育ちも長崎の福田さん。小さい頃から当たり前のように、チョーコー醤油の調味料が家庭に置かれていました。大学で管理栄養士の資格を取得後、大学院で2年間大豆に関する研究を行って、就職活動中にチョーコー醤油との縁に巡り会いました。

「研修で工場を見学した際には、見慣れた商品の裏側を知ることができて興奮しました。現在はレシピのカロリー計算をしたり、味噌作り教室などのイベントでは大学での研究を活かして醤油や味噌の栄養素についてお話することもあるんです。家では、両親や親戚から味の感想を聞くこともあり、家族はある意味、一番のお得意様です（笑）。おいしいと言われると、がぜんやる気が出ますよ」

大学時代、周りは病院や福祉施設を志望する人ばかりだったとか。

「その中で、私はずっと食品メーカー志望でした。今、慣れ親しんだ愛着のある商品に携われるのは光栄ですし、より頑張っていきたいと思います。これからも資格を活かしながら、スキルアップしていきたいです。いつか自分の関わった商品が棚に並ぶことが夢です」

自身の個性を発揮しながら、多彩な場面で活躍しています。

I'M ENJOYING MY LIFE

気ままに足を運んで 心も体もリフレッシュ

食べることが好きで、休日には雑誌で気になったカフェでゆっくり過ごしている福田さん。「連休にはコーヒー好きの母親とお店に足を運ぶことが多いですね。いつもかなり悩んでからメニューを決めて、ついつい時間を忘れて過ごしちゃいます」とのこと。偶然見かけたお店にふらっと入ることもあるそうで、週末には気ままなカフェ巡りを楽しんでいます。

また体を動かすのも好きだそうで「一人でバッティングセンターに行ったり、公民館で近所の方々とバドミントンをしたりして、気持ちもリフレッシュしています。はたしてインドアなのか、アウトドアなのか」と笑います。

自分らしいひと時を、目一杯満喫しています。

カフェ巡りに欠かせないのがスイーツメニュー。おしゃべりしつつ甘いものを堪能して、リラックスタイムを満喫します。

LET'S ENJOY LIFE

NAGASAKI WORK STYLE
16

株式会社ディーエスブランド

ホームページの制作・運用で企業の課題解決を行う長崎から全国へ、海外にもチャレンジ

PROFILE

下山晶子さん

取締役会長

2005年、息子である下山大祐氏が社長となり、ともに株式会社ディーエスブランドを立ち上げる。以降、大手複合機メーカー「リコー」とパートナーを組み、企業のホームページ制作・運用支援事業を手がける。

長崎港のランドマーク的存在、タワーシティ長崎に本社を構える株式会社ディーエスブランドは、ホームページ（以下ＨＰ）の制作・運用支援会社として急成長を遂げています。下山晶子会長にお話を聞きました。

「おかげさまで、創業時２人だった社員は現在２００人を超え、当社主力商品「おりこうブログ」も累計導入本数１５０００本となりました。創業当時、ＨＰといえば制作するのも更新するのも高価なもの。もっとブログのように自分たちで簡単に更新できないかというお客様の声に応える形で『おりこうブログ』のシステムを開発、全国へ販売し、近年はマレーシアを足がかりに海外進出にも着手しています」

こちらは特にアフターフォローが特徴と聞きました。問合せは通常、音声ガイダンスで長く待たされるイメージがありますね。

「そうですね。当社ではお客様から

株式会社ディーエスブランド
長崎県長崎市旭町6-1タワーシティ長崎タワーコート1F
TEL.095-862-4891(代表)
https://ds-b.jp
■設立／2005年11月
■代表／代表取締役社長　下山大祐
■資本金／1,000万円
■社員数／206名
うち正社員191名(男性109名、女性82名)
■初任給／210,000円(固定残業28時間分38,000円
健康手当10,000円含む)
■休日休暇／年間休日124日(土・日・祝、GW、夏季、年末年始、慶弔休暇)
■福利厚生／社会保険完備　本社施設として休憩室あり
▼インターンシップ受け入れ／有り
▼大学生アルバイト受け入れ／無し
▼採用担当者連絡先
TEL.095-862-4891(嶋田)
saiyou@ds-brand.jp

こちらはカスタマーセンター。フロアいっぱいに専門のスタッフが並び、全国スケールでのHP運営の支援を行っています。

お問い合わせをいただいた際に、お待たせせず、カスタマーセンターの専門スタッフがすぐに対応します。そのために必要な人員を確保しています。定期的に商品をご利用中のお客様へご連絡し、HPの更新状況をお伺いします。HP運営を全面的にバックアップするところが、当社の魅力です」

経営者として大切にしていることは何でしょう。

「当社には〝感謝・感動・笑顔〟という社訓があります。人と人とのご縁を大切に、という創業時の社長の想いを言葉にしたものです。そして、社員一人ひとりが活躍できる職場環境を目指しています。採用面接の際に『大学の先輩が働いており、勧めてくれた』という声を耳にすることがあり、嬉しいですね。良いご縁がご縁を呼び、ここまで成長させていただいております」

ながさきみなとまつりなど地域の活動にも参加していますね。

「本社が長崎ですし、社員の生活の基盤も長崎なので、少しでも貢献できればと思い、地域イベントにも参加しております。これからも若いみなさん、一緒に楽しみながら長崎を元気にしていきましょう!!」

下山会長はそう笑顔で語りました。

NAGASAKI WORK STYLE 16

ディーエスブランド

社員を大切にしてくれるだから期待に応えたいいい循環が生まれています

合言葉は「みんなが主役」。社員の親しみやすい雰囲気が魅力です

辻　夏美さん

カスタマーセンターで働いているのが辻夏美さんです。「入社3年目です。最初の1、2年は、覚えることが多くて必死でしたが、3年目に入り、お客様との会話もいい意味で余裕をもって行えるようになりました。お客様からはHP制作についてのご相談が主で、HPを確認しながら、なるべく専門用語は使わずご理解いただけるようご説明しています。当社のカスタマーセンターの特徴としてご相談をお受けするだけでなく、こちらからも『何かお困りごとはありませんか』とお声かけする点が挙げられます。スタッフはそれぞれ担当エリアを持っており、私は宮城県と福島県のお客様にお電話をしております」

慣れない方言などで困ったりし

「お客様が制作されたHPについて、サイトをご覧いただく方の目線で改善策をご提案しています」という辻さん。主力商品はHPに加えカタログ制作もできる「おりこうブログDS」です。カスタマーセンタースタッフには、商品の操作方法から改善提案までHPに関するお悩み全般の対応が求められています。

新県庁舎を望むベイエリアを満喫できる、広々としたリクゼーションルーム。社員がのびのびと仕事ができる雰囲気も、辻さんがこちらに決めた大きなポイントだったそうです。

ませんか?

「最初は聞き直すこともありましたが、今はスムーズです。担当して3年になりますから。当社は多種多様な業種のお客様からのご要望をいただくことも多いのですが、その際は開発とも共有して次に生かします。社内間で意見を言いやすい雰囲気がありがたいですね」

この会社に就職を決めた理由はなんでしょう。

「大学時代のアルバイト経験から人と話すことが好きでした。それで絞り込んで探している中で、福利厚生がしっかりしていることに魅かれました。結婚後も仕事を続けたいので産前産後休暇、育児休業や時短制度があるだけでなく、

取得率も確認しました。私の上司の女性も育児休業を取得されていましたが、仕事の偏りがないよう調整していただいていたので安心でした」
土日は本当にお休みですか?
「はい、きっちり! 私、土日に会社に来たことありません(笑)。家庭を持つ社員は家族との約束を守れると喜んでいます。実はウェブ業界に詳しいわけではなかったので、最初は不安でしたが、研修制度が整っていたので助かりました。社内には『みんなが主役』という合言葉があります。自分が経営者なら…と改善策を考えて積極的に実行しながら、今後も会社に貢献していきたいですね」

I'M ENJOYING MY LIFE

オンとオフの切り替えが仕事にもいい循環

3人兄妹の末っ子という辻さん。小中高大学と長崎でした。

「上の2人は大学から県外でしたし、親は『県外に出てもいいよ』と言ってくれましたが、自分くらいは親元に残らなくちゃというのが半分、本音は出たくなかったのも半分(笑)。友人とも離れたくなくて。東京や福岡は楽しいけれど、行くと3日目くらいから長崎に帰りたくなって、たまに遊びに行けばいいかなと思います」

地元ならではの快適さは、確かに重要なポイントですよね。

「会社には同じ大学からの同期が4人もいて、仕事だけでなくプライベートでも会社の仲間と遊びに行きます。土日だけでなく長期休暇も取れます。オンとオフを切り替えることで英気を養えるし、仕事の効率も上がります」

GWに熊本に行って人吉でラフティング(急流下り)を初体験したという辻さんたち。長期休暇のたびにあちこち出かけ、フットワークがいいのです。

LET'S ENJOY LIFE

株式会社
テクノ・スズタ

検査に必要な臨床検査薬や分析機器医療や研究を技術と信頼で下支え社員の夢の応援団でもあります

PROFILE

徳永道義さん

代表取締役社長

昭和52年入社。平成20年社長就任。会社の創業は明治4年。貿易商から臨床検査薬を扱う会社となり、長崎を中心としながら佐世保営業所、福岡営業所を開設。昭和61年には県下に先駆けて介護用品展示センターを開設。当時は、会社の定款に『介護用品』と書いて届けても、窓口で担当者から『これは何ですか?』と聞かれるほどのなじみのうすい新規事業だったとか。

病院で行われる血液検査などの臨床検査薬の卸販売を中心に行う株式会社テクノ・スズタ。徳永道義社長、このような会社はそう多くないそうですね。

「臨床検査薬や研究用試薬に特化した会社は全国で50社ほどしかありません。医薬品の問屋とは重ならないニッチな業種です。今、病院では、事前に検査をしてその結果を見ながら診断するのが当たり前になっており、臨床検査データは早期発見、早期治療に重要な役割を果たしています。より早く、正確に、効率よく検査するための臨床検査薬や分析機器を販売するのがメディカル事業部です。他に、大学の研究用試薬や理化学機器を主に扱うサイエンス事業部、介護福祉の分野で介護用ベッドや車椅子の販売やレンタルを手がけるヘルスケア事業部が我が社の３本柱です。検体を検査室に運ぶオート

株式会社テクノ・スズタ
長崎県長崎市平和町24-14
TEL.095-848-5221（代表）
http://www.technosuzuta.co.jp/
■設立／昭和52年9月
■代表／代表取締役社長　徳永道義
■資本金／2400万円
■社員数／110名
うち正社員109名（男性74名、女性36名）
■初任給／大卒 190,000円〜（総合職）
高卒 160,000円〜（総合職）、140,000円〜（総合事務）
■休日休暇／105日／年（日曜日・祝日・年末年始及び社内カレンダーによる土曜日）
■福利厚生／健康保険・厚生年金・労災保険・財形貯蓄制度、他
▼インターンシップ受け入れ／予定有り
▼大学生アルバイト受け入れ／なし
▼採用担当者連絡先
TEL.095-848-5221（谷川）
technosaiyou@technosuzuta.co.jp

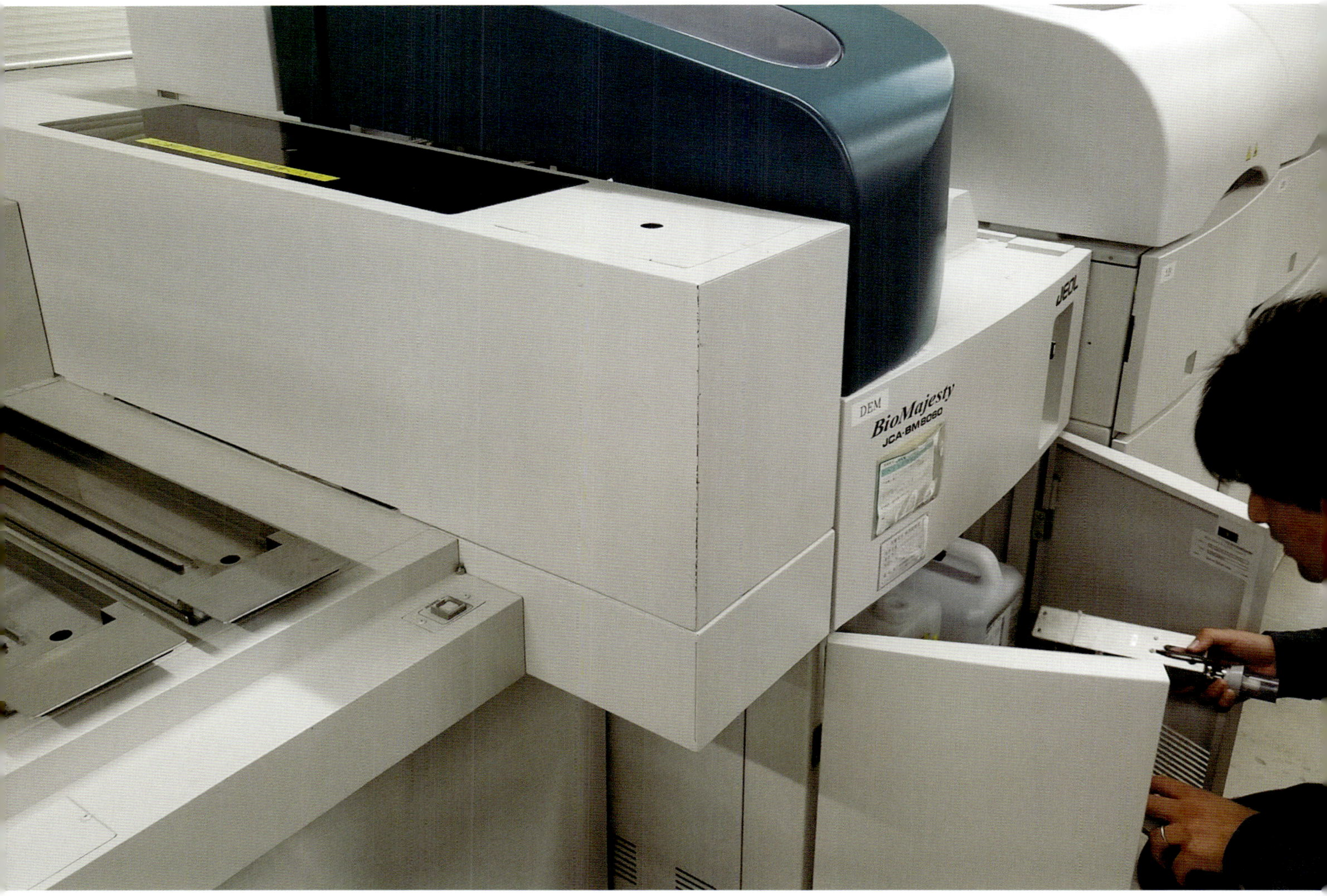

取り扱っている機器の一つ。ちなみにメンテナンスや補修は地元の強みで資格を持ったベテランの技術者が迅速に処理することから、メーカーと直でやりとりするよりコストダウンが実現します。

メーションの運搬ロボットは全国に出荷していますが、病院の現場などで『こんなものがあれば…』という要望を聞いて開発することもあります」

こちらは特に機械のメンテナンスサービスが強みとお聞きしました。

「はい、社名の『テクノ』とは技術力。提供した製品の点検や補修を行うテクニカルサービス部門もあり、専門の技術者がすぐに駆けつけることで他社と差別化できています。勤続30年以上のベテラン技術者や営業が多いことも特長です」

長く勤められる会社なのですね。

「そうですね。福岡や佐世保にも営業所がありますが、社員は基本、現地採用です。転勤をなるべくさせず、家から通い家族と暮らせる安定感のある生活こそが、仕事のモチベーション向上につながるという考え方です。私の座右の銘は『夢は叶えるためにある』。採用の面接では、最初から私が立ち会うのですが、試験とは別に、それぞれの夢を10個書いてもらいます。社員の夢を応援する、それが我が社のスタンスです」

顧客の信頼が大切という手堅い運営が、社員の笑顔やふるまいににじみ出ているのが印象的でした。

NAGASAKI WORK STYLE 17

株式会社
テクノ・スズタ

夢を叶えるために長崎に残りたかった 安定したプライベートは 仕事のモチベーションには欠かせません

臨床検査技師さんとのプロのやりとりだから長く続けるほどに知識も人間関係も蓄積される実感があります

川下貴司さん

テクノ・スズタ入社5年目の川下貴司さんは、メディカル事業部の営業で、長崎大学病院を担当しています。

「長崎大学病院は県内で一番大きい病院ですから私の担当は1施設のみですが、一人で複数の施設を担当する人もいます。

病院では、患者さんから採取した血液や尿など（検体）を分析装置と呼ばれる機器を使って傷病の状態を検査する仕事をされている臨床検査技師さんと主にやり取りをしています。

中には機器を使わず手技で検査することもありますが、私たちはこの検査で使われる臨床検査薬や分析装置などを供給しています。

当社の商品センターには病院ごとに臨床検査薬をストックしており、全体量や使用期限の把握はも

臨床検査薬を配送する川下さん。今は新入社員の教育を一人任されており、先輩方から教わったように後輩に教えているのだそうです。

中里町にある商品センターの様子。多品種の臨床検査薬があり、商品管理も徹底されています。

ちろん、台風や大雪などの自然災害で流通が滞るときもストックを切らさないよう商品管理を徹底させています」

ところで、この会社に就職する決め手は何でしたか。

「長崎にいたかったので転勤が少ないことが決め手でした。実は、小学生の頃に競技ドッジボールのクラブチームに入っていました。ドッジボールといっても体育で習うものとは違う、公式競技としてのドッジボールです。大学生のとき、どうしても今のチームで全国大会に出たいという思いが強く、それで長崎を離れるわけにはいかなかったのです」

それで、夢は叶いましたか？

「学生時代から5年間チャレンジし、この会社に就職後、念願の全国大会に出場できました」

それはすごいですね。でも、仕事との両立は大変だったんじゃないですか。

「確かにまったくの初歩からのスタートでしたが、先輩方が『わからなくて当然だから、焦らずに覚えていけば大丈夫』と教えてもらいました。今でも実際に検査を見学したり、大きな機器を納品させていただく場合は、メンテナンスやシステムの専門スタッフとも一緒に仕事をすることもあります。この事業部は臨床検査技師さんという技術者と接するので、長く続けるほど知識の蓄積・人間関係の構築ができ、やりがいが増えていきます」

I'M ENJOYING MY LIFE

もう一つの夢が叶った! 可愛い娘のパパに。

今年6月、川下さんのもう一つの夢が叶いました。なんと、女の子のパパになったのです。

「独身のころは仕事と自分の趣味が最優先でしたが、家庭を持つと生活の優先順位は変わりますね。出産までの妻の体調も気になっていたので、ドッジボールの練習も毎週は行けません。でも、無事に生まれてよかったです！　住まいは東長崎で、子育てしやすいところが気に入っています」

ちなみに、川下さんは違うけれど、こちらは社内結婚も多いとか。アットホームで温かい雰囲気だからでしょう。

「プライベートが充実してこそしっかりした仕事ができる」

マイペースでコツコツと家庭を築いた川下さんの一言は、説得力がありました。

LET'S ENJOY LIFE

NAGASAKI WORK STYLE 18

トランスコスモス BPOセンター長崎

センター名のBPOとは、ビジネス・プロセス・アウトソーシング 人材は『人財』、正社員登用制度もあり

PROFILE

池原一昭さん

BPOセンター長崎センター長

1969年、広島市に生まれる。トランスコスモス（1966年創業）に1993年に入社し、大阪にてキャリアをスタートさせた。2015年「BPOセンター長崎」開所の2年後、2017年6月にBPOセンター長崎センター長として長崎に着任し、現在に至る。

洗練されたエントランスホール、壁面の世界地図には拠点を示すドットが散らばる……海外にまで展開する大企業・トランスコスモス。２０１５年５月には「ＢＰＯセンター長崎」が開設されました。ＢＰＯとは、ビジネス・プロセス・アウトソーシングの略称で、企業の業務を外部委託することを指します。

気さくな笑顔にポジティブな言葉が頼もしい、池原一昭センター長にお話を伺いました。

「当社は、ＩＴを活用したアウトソーシング事業を中心に成長してきました。それまで企業内で処理していた業務の一部を代行し、お客様企業の売り上げ拡大やコスト最適化を支援することが我々の役割です。

Ｖ・ファーレン長崎のスポンサーや『トランスコスモススタジアム長崎』の名称を通じて、当社の存在が、長崎の一般の方々に広く認知されることを期待しています」

トランスコスモス
〈本社〉東京都渋谷区渋谷3-25-18
〈BPOセンター長崎〉長崎県長崎市家野町6-1
TEL.03-4363-1111（代表）
www.trans-cosmos.co.jp

■設立／1985年（創業は1966年）
■代表／奥田昌孝
■資本金／290億6,596万円
■社員数／10,044名（男性55%、女性45%）
■初任給／大卒（地域限定型:172,000円／全国型:182,000円） 高卒（地域限定型）142,000円（※昨年度実績）
■休日休暇／年間休日122日 週休2日 年末年始 有休あり
■福利厚生／保険は雇用／労災／健康／厚生年金 施設として直営保養所（軽井沢）ほか
▼インターンシップ受け入れ／有り
▼大学生アルバイト受け入れ／有り
▼採用担当者連絡先
TEL.095-804-3600（豊島）
Toyoshima.Noriyuki@trans-cosmos.co.jp

BPOセンター長崎の広いオフィスは現在15の事業所があり、それぞれ担当する業務にあたっています。女性を中心に多くのスタッフが働くここは、経理関係の業務をおこなうフロア。

センター開設の際、求人数の多さに驚いた記憶があります。

「まる3年経過した現在、スタッフは400名、うち2割が正社員です。当社にとって、人材は『人財』。ここBPOセンター長崎では、今のところ契約社員や転勤のない地域限定社員が多いですが、正社員登用制度も有しており、やる気と能力によっては全国、世界へと活躍の場が広がります」

今後も発展していきそうな、前向きなエネルギーが感じられますね。

「少子化が加速する昨今、労働力の確保は大きな課題です。各企業においては労働力不足のリスクが俄然高まっていますが、このリスクに対し迅速に対応することができれば、我々にとっては大きなビジネスチャンスになります。

当社は、お客様のGlobal Digital Transformation Partnerとして、これからも成長していきたいと考えています。そして長崎においては、雇用創出や地域活動への参加を通じて、地域の活性化に貢献できたら嬉しいです」

5年後、10年後……きっと長崎を支える大きな力となっていることでしょう。

トランスコスモス
BPOセンター長崎

責任ある仕事を任せられ、効率や改善について、日々考えながら取り組んでいます

生まれ育った福岡を離れ、現在は長崎で充実した毎日を送る豊島典之さん。入社1年半と思えないような、落ち着いた物腰や歯切れの良い話しぶりに、これまで培った自信が窺い知れます。チャレンジできる社風に恵まれ、のびのびと力を発揮しているのでしょう。

「最初から採用担当者として採用された私は、東京本社で研修を受けた後、BPOセンター長崎での仕事が始まりました。

新卒者採用ではなく中途採用を担当しているため、採用業務は年間を通して進行しています。

このセンターが開業して3年間で現在のスタッフ数が400名ということは、単純にいえば年間100名以上を採用してきたことになりますよね。そのための求人

中心部からはもちろん、長崎のベッドタウン・時津や長与からも通勤便利な抜群の立地。たくさんの「人財」が集まり、採用面接の現場も活気が溢れます。

センター内に2つ設けられたリフレッシュルーム。120席の広々した空間、ケータリングでパーティーをすることもあります。

社風はチャレンジ!
入社後、早い段階で、さまざまな経験を積むことができます

豊島典之さん

NAGASAKI WORK STYLE
18

の応募数となると、その数倍はあるわけです。これまで、本当にたくさんの人にお会いしてきました。そして決められた期日までに、経理や受発注、営業補助など、お客様企業のご要望に合わせて必要な人員を集めなければいけません」

期限や人数等、いろいろな制約のある中での採用業務は大変そうですね。

「仕事との相性はどうしてもあります。ですから、スタッフから『仕事が楽しい』という声を聞くと、とても嬉しいですね。例えば、事務仕事がまったく未経験だったにもかかわらず、3カ月後にはその業務のリーダーを務めるまでになった女性スタッフもいました。やる気があって努力する人たちを、会社として全力でバックアップしていきたいです」

この会社で働くことを考えている人へアドバイスをいただけますか。

「今の時代は選択肢の幅が広がっていると感じています。情報は溢れていますし、ライフスタイルも人それぞれです。ひょっとすると、一発ではマッチする会社や仕事に出会えないかもしれません。いろいろと選べる時代だからこそ、自らの中にしっかりした軸やキャリアプランを持つことが大切だと、自分の経験からも実感しています」

地域に貢献したい人も、全国や世界を目指す人も、それぞれ活躍できる会社です。

I'M ENJOYING MY LIFE

センター長＋会社の仲間でリレーマラソンにも挑戦

休みの日には、トランスコスモススタジアム長崎へV・ファーレン長崎の応援に出かけたり、飲み会や外食を楽しんだり。時間がある時は、自宅でビジネス書など読書をして過ごすこともあるという豊島さん。

「長崎に来て覚えた楽しみは、散歩。史跡も多いので、のんびり歩くのにぴったりですね。いろんな場所を歩きました。

近ごろは週に何度か自宅周りのランニングもするようになりました。きっかけは今年2月に参加したリレーマラソン。池原センター長を始め、会社の仲間10人で出場しました。5時間を交代しながら走るのですが、結果は56周で56・4キロメートル、職場対抗部門で116位……次回に期待ですね」

親和銀行プレゼンツ第4回5時間リレーマラソンにて。会場はもちろんトランスコスモススタジアム長崎です。

LET'S ENJOY LIFE

長崎魚市株式会社

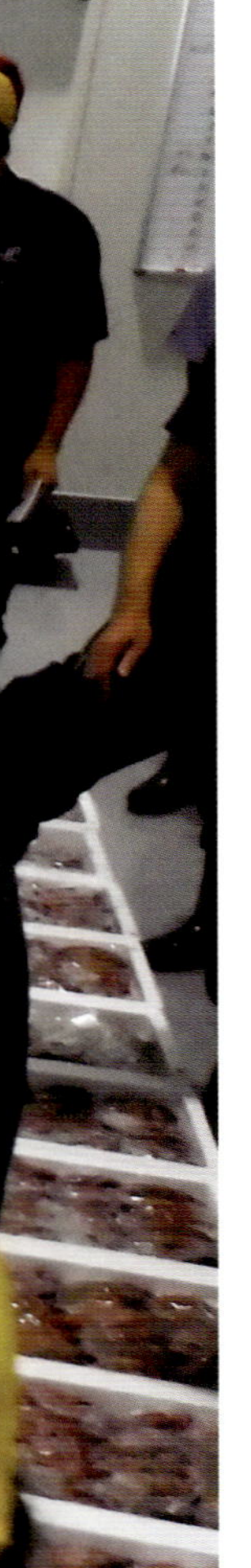

広さも魚種も日本一の長崎魚市場生産者と仲買を取り持つ卸会社として長崎県の水産業を支える存在

PROFILE

川元克明さん

代表取締役社長

長崎市出身。東海大学政治経済学部卒業後、1978年入社。総務部長を経て、2015年より現職。長崎魚市場そのものの歴史は古く、1624年〜43年の寛永年間に長崎市金屋町に創設されたのが始まりとされます。その後変遷を経て、1914年にトロール漁業の発達に伴い尾上町に移転、1989年には新長崎漁港（京泊）の開港とともに魚市場が移転、開場されました。

水産県長崎の象徴、長崎市京泊の長崎魚市場。ここで独占的に卸売りを行っているのが長崎魚市株式会社です。川元克明社長、こうして見渡すと、本当に広いですね。

「面積は22万平米で日本一です。それに東シナ海や五島灘など世界有数の好漁場に恵まれており、延縄（はえなわ）や底曳き網、沿岸漁業などで漁獲される魚種は250種類と、これも日本一。四季を通じて水揚げがあり、高級魚が多いことも特長ですね。私どもは、漁を行う生産者から魚を預かり、セリを行って仲買さんに売る、魚の公正な取引と安定供給が役割です」

セリは朝5時から、ということは出社は？

「早い職員で朝2時ですね。漁を終えた生産者の船が着き、水揚げされた魚を調べてセリの準備をし、セリが終わるとすぐに精算して生産者には即日現金で支払います。10時過ぎ

長崎魚市株式会社
長崎県長崎市京泊3丁目3-1
TEL.095-850-3600（代表）
http://www.nagasaki-uo.co.jp
■設立／1948年
■代表／代表取締役社長　川元克明
■資本金／1億円
■社員数／200名
うち正社員83名(男性65名、女性18名)
■初任給／大卒 190,452円　高卒 166,120円
（基本給+深夜手当等含む）
■休日休暇／日曜及び、市場の臨時休市日
■福利厚生／退職金制度、財形貯蓄、永年勤続表彰ほか
▼インターンシップ受け入れ／なし
▼大学生アルバイト受け入れ／なし
※職場見学随時受付中
▼採用担当者連絡先
TEL.095-850-3600（人事課採用担当）
jinji.saiyou@nagasaki-uo.co.jp

販路拡大のために中国輸出専門の部署もあるそうです。「上海のパートナーと提携して北京などへも卸しています。淡水の魚と比べ、海の魚は美味しいですから評判もよく、今後に期待が寄せられています」。

には一仕事終わります。私も長いこと昼夜逆転の生活をしてきましたが、最初は眠くても、体は慣れるものですよ。それに、昼間の明るいうちに終わりますので、趣味や買い物、子供と公園で遊んだりと時間を有効に使っている社員もいます」

それは魅力ですね。ところで日本の漁獲高は最盛期と比べ、落ち込んでいると聞きますが、実際どうなんでしょう。

「うちも1990年頃のピーク時に比べると水揚げ量は半減しています。しかしそれを予測して商事部門を作り、世界各国から、サケ・マス・エビ・凍魚・塩干魚を仕入れて販売力を高め、地元仲買さんへの供給を維持する工夫をしています。大切なのは、漁協や生産者からなるべく多くの魚をうちの市場に持ってきてもらうことです。そのために「こんな魚が欲しい」といった仲買さんの要望を生産者に伝え、うちがよい取引ができることをアピールする『集荷』の業務が欠かせません。当社はこのような営業力のある20～30代が多く活躍しており、さらに求めています」

魚市場は、卸、荷役、運送、加工、製氷、冷蔵庫など多くの産業があります。長崎魚市場の存在が、水産県長崎を支えているのですね。

NAGASAKI WORK STYLE 19

長崎魚市株式会社

季節の移り変わりを魚種で知り日々の恵みを消費者に届けるパイプ役水産県長崎ならではの仕事ですよ

朝は確かに早いのですが、午後はまるまる自由に使えるので有効活用できます

山岡友弥さん

山岡友弥さんは受託販売部門の「赤物第一部」営業職。

赤物とは？

「近海ものです。アマダイ、アカメ、レンコダイ、ガッツ……」

赤い魚が多いから総称が赤物なんですね。山岡さんの1日を教えてください。

「今日の出勤は朝3時でした。水揚げされた魚がセリ場に並ぶので、荷主さんや何の魚がどれだけ出荷されたかを浜帳というノートに記録していきます。5時からは仲買さんが集まりセリが始まります。僕はまだセリ人の資格を持っていないので、セリ人の後ろについて誰がいくらでセリ落としたかという結果を浜帳に書き入れます。セリが終わると、浜帳をパソコンに入力して、仕切書を作りま

「生産者が納得する値段で売れて、仲買さんも納得する値段で買えるのが理想。生産者に『今朝のあの魚は〇〇〇円で売れましたよ』と伝えて喜んでもらえたとき、この仕事のやりがいを感じますね」と山岡さん。

豊富な魚種は四季で変わります。長崎で水揚げされ、セリにかけられた高級魚が築地などの消費市場に送られていきます。

す。それが9時か10時くらいまで。同時に、生産者に電話して、預かった魚がいくらで売れたかを伝えて、また明日もお願いしますという集荷の業務を行います。これは職員それぞれ、生産者や漁協の担当を割り当てられています。それらが終わるのが11時くらいで、退社します。昨日は雨で漁に出ない漁師さんもいたから、遅めの出社でした。明日は忙しくなりそうなので少し早め。その日の入荷量によって仕事量も変わりますね」

するとと午後はまるまる好きなことができます？

「はい、昼寝とか。あと釣りはよくしますね」

朝から魚と付き合っているのに、遊ぶ時も釣りですか？

「あ、それは別なんです（笑）」

セリなど、仲買さんたちの真剣勝負で怒鳴られることもあります？

「と思うでしょう？　これがわりとそうでもなくて。もちろん記録を間違えたりすると怒られます。でも、だんだん顔なじみになり、今では可愛がってもらえます。生産者の方々に集荷の電話をかける時も、仲買さんが欲しい魚種を伝えたり、『そろそろカツオが始まるよ』といった漁の情報をもらったり。『○○円くらいで落としますから、うちに出してください』と、上手に言えるようになるのが僕の課題ですね」

季節の移り変わりを魚種で感じられる面白さ、それがこの仕事の醍醐味なのだそうです。

I'M ENJOYING MY LIFE

「やっぱり魚が好きだから」好きを仕事にする強さ

海に囲まれた長崎は釣り天国。山岡さんも子どものころから釣りばかりしていたのだそうです。「今ならミズイカやキスが釣れますよ。魚市での仕事が終わって自宅までも海沿いの道を帰りますし、結局このあたりで釣りますから、なんか1日中海にいる感じですね」

実は一度は県外に出て、建築関係の仕事に就いていたといいます。

「結局、長崎に戻ってこちらに就職しました。魚が好きなのと、やっぱり長崎の人間だから水産業に携わりたかった」

もう一つ、山岡さんの休日の楽しみといえば高校時代から続けている野球です。

「仲間とチームを作ってリーグに加わり、日曜日ごとに試合しています。早朝野球？　まさか！　早朝は仕事の時間ですよ（笑）」

LET'S ENJOY LIFE

不動技研工業株式会社

当社の今年のテーマは「変える決断、変わる勇気」情熱をもって成長してほしい

PROFILE

濵本浩邦さん

代表取締役社長

1960年長崎市生まれ。
長崎大学経済学部卒業後、不動技研工業㈱に入社。高砂事業所（当時は出張所）設計部門、長崎本社総務部門を経て米ロヨラ大シカゴ校にてMBAを取得した。システム部門、社長室長、専務取締役を歴任後、2005年11月に社長就任し、現在に至る。関連会社・㈲キャドワークスの社長も兼務。
プライベートでは4児の父親でもある。

1964年の創業以来、三菱重工の火力発電に関する設計部門のパートナー企業として成長してきた不動技研工業。エンジニア集団を牽引する濵本浩邦社長は、ざっくばらんな人柄に強いリーダーシップを滲ませます。

近年は発電プラント設計の他にも、さまざまな分野へと事業が広がっていますね。

「21世紀に入って進出した自動車関連の開発は、日産自動車から始まって、現在は他の自動車関連企業にまで市場を拡大しました。今や原子力を含めたプラント設計と、業務の両輪を担うまでになっています。

また、ICT部門では自社製品の開発販売も手掛けています」

時代の流れでしょうか、長年、長崎の産業を支えてきた三菱重工が、新たな体制となりましたね。

「地球温暖化対策としてCO2削減が叫ばれるようになって久しく、世界的に火力発電所建設への逆風が続

不動技研工業株式会社
長崎県長崎市飽の浦町8-12
TEL.095-861-1638（代表）
https://www.fudo-giken.co.jp/
■設立／1964年
■代表／代表取締役社長　濱本浩邦
■資本金／2,400万円
■社員数／365名
うち正社員337名（男性276名、女性61名）
■初任給／修士 215,000円、大卒 200,000円、高専卒 185,000円、短大卒・専門卒 165,000円、高卒 160,000円（2018年度実績）
■休日休暇／年間休日125日（土日完全週休2日）、祝日、盆、年末年始、慶弔、年次有給休暇
■福利厚生／確定拠出型年金、慶弔見舞金、表彰制度、社員旅行、資格取得の報奨金、従業員持株会
▼インターンシップ受け入れ／有り
▼大学生アルバイト受け入れ／無し
▼採用担当者連絡先
TEL.095-861-1638（山崎）
contact@fudo-giken.co.jp

ソリューションサービス部のフロア。主力である発電プラント、自動車関連の設計のほか、近年、新たに力を入れているのがICT部門です。「チャレンジ」「現場主義」「スピード」で日々発展を続けます。

いています。そのような中、当社の一番の取引先である三菱日立パワーシステムズを中心とした三菱グループ関連の業務量の減少が、2〜3年後に見込まれているというのが現状です。現在のプラント関連業務を確実に消化しながらも、当社のもう一つの得意分野である自動車産業に徐々にシフトしているところです」

変革の時代を、確固たるビジョンを持って乗り越えるのですね。

「我々は真の技術者集団として、ヒューマンスキルの向上を目指しています。高品質の製品とサービスを提供することでお客様の創造に貢献し、社会全体や社員とその家族の幸福に寄与していきたいと考えています。『人が基本』をモットーに、情熱とクリエイティブマインドをもって、さらなる成長を目指したいですね」

若い社員たちに求めることは何でしょう。

「毎年、新たな気持ちでキャッチコピーを立てるのですが、今年は『変える決断、変わる勇気』です。

英知と勇気、そして情熱をもって成長をつづけてほしい。そして100年続く企業を目指し、当社をもっと良い方向へ変えていってほしい、そう願っています」

不動技研工業株式会社

国内のみならず、海外にまで広がるスケールの大きさにやりがいを感じています

教育制度がしっかりしているところも大きな魅力。先輩たちも皆親切です

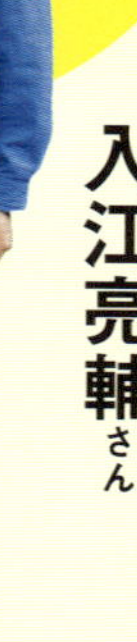

入江亮輔さん

NAGASAKI WORK STYLE 20

2016年入社の入江亮輔さん。若者らしい爽やかさと人なつこい笑顔が印象的です。

「大学3年生の終わりごろまで志望業界が決まらずに悩んでいましたが、自己分析や周囲のアドバイスから『地元長崎で就職したい！』という想いに気付きました。

当社については、大学の就職担当者の勧めで応募することに決めたのですが、選考プロセスの中で出会う社員の皆さんの親身な対応に、ここで働きたいと強く思うようになりました」

現在の仕事内容を教えてください。

「火力発電所の中央コントロールルームで使う監視制御システムの設計や、オペレーション画面の設計を行っています。私たちが作成

完成まで、数多くのエンジニアが長い期間をかけて取り組む発電プラントの設計。自分が携わったものが形になった時の達成感は格別です。

本社と長崎事業所が置かれる2棟の社屋は三菱重工のお膝元。正面には長崎造船所の煉瓦塀が続き、長崎造船所史料館もすぐ近く。

したオペレーション画面は、発電所の安全かつ安定した運転のための監視や制御に役立っています。

普段はパソコンを使った作業が多いものの、発電所の設計というものは多くの人の力で成り立っており、自社のみならず他社の人々との連携が不可欠です。設計業務を通じて、技術的な事項の他に、チームワークの大切さや気遣いの方法などたくさんのことを学ばせてもらっています。

発電プラントは世界中にあるため、国内はもちろん、インドネシア、タイ、ケニアなど世界中の火力発電所の設計に携わることができました。そんな肌で感じるスケールの大きさも、この仕事の魅力だと思います」

日々の業務が、世界とも繋がっているのですね。
「昨年は、会社から海外語学留学生としてフィリピンに行かせてもらい、英語の勉強に力を入れる良いきっかけになりました。これからも技術・知識の習得や英語学習に継続的に取り組んでいき、先輩たちのような世界に通用する一人前のプラントエンジニアとなって、社会貢献できたらと思います。そのためにも『日々勉強』で頑張ります」
就職活動中の後輩たちへ、ひと言お願いします。
「企業研究をしっかり行い、自分に合っているかを見極めることが大切ではないでしょうか。後悔のない就職活動をしてください」

I'M ENJOYING MY LIFE

生まれ育った長崎は自分が一番落ち着ける場所

就職を機に長崎に戻ったという入江さん。一度は離れたからこそ、地元の良さも実感できるのかもしれません。

「生活面においてストレスを感じることもなく、とても快適な毎日です。お蔭で、思い切り仕事に打ち込めています。GWや夏季、年末年始の連休には旅行など遠出もできますし、プライベートも充実しています。

中学時代から趣味でアコースティック・ギターを弾いているのですが、同期に気の合う音楽仲間がいて、一緒に過ごすことも多いんですよ」

趣味を共有する仲間が、同僚でもあるというのは羨ましいかぎりです。

「浜町の楽器店でライブをすることもあります。機会があればぜひ聴きにきてください」

LET'S ENJOY LIFE

メモリードグループ

NAGASAKI WORK STYLE 21

創業当時、目標は百億企業だった。五百億突破した今、目指すのは一千億企業新規事業に挑戦するための体力として

PROFILE

吉田茂視さん

メモリードグループ代表

1943年福岡県北九州市生まれ。福岡大学経済学部卒。大学時代に割賦販売法を知り、規制緩和を受けて花嫁衣裳のレンタル業を思い立つ。1969年には長崎市内に株式会社長崎冠婚葬祭互助センターを立ち上げ、後の「メモリード」に。「これだ、と思うととことん情報収集して勉強します。法律は、ある時、パッとドアが左右に開くように規制緩和されることがあります。そのタイミングを逃がしません」。長崎商工会議所副会頭。

メモリードといえば冠婚葬祭。しかし、いつのまにか保険事業、レストラン事業、ホテル事業など5本柱で展開する大きな企業になりました。全国を飛び回る吉田茂視代表に、今の思いを語ってもらいました。

「現在一番力を入れているのは保険事業、それも葬儀保険などの少額短期保険です。日本は急速に少子化に向かっています。必然的に葬儀の会葬者が減り、香典だけでは葬儀がまかなえなくなります。私が30年前にオランダに行った時、すでに葬儀保険がありました。葬儀は自ら準備するのがヨーロッパの常識だったのです。それをヒントに、金融庁の規制緩和の際に申請した『メモリード・ライフ』は、現在では葬儀保険日本一にまで成長しました。4月には全国の同業者を代理店にして全国展開が始まっています」

時代の変化にいち早く気づき、次の手を打つのですね。

メモリードグループ
〈総合本部〉西彼杵郡長与町高田郷1785-10
TEL.095-857-1777（代表）
http://www.memolead.co.jp/
■設立／1969年
■代表／吉田茂視
■資本金／24億7,000円（4法人累計）
■社員数／3,200名（4法人累計）
うち正社員1,124名（男性744名、女性380名）
■初任給／大卒 183,500円、各種2年卒 155,000円
■休日休暇／年間休日100日程度（4週6休制、有給休暇、産前産後休暇、育児・介護休暇、リフレッシュ休暇など）
■福利厚生／健康保険、厚生年金保険・雇用保険・労災保険、住宅手当、家族手当、慶弔見舞金、資格取得奨励金、社員旅行、退職金制度、借上社宅制度ほか
▼インターンシップ受け入れ／有り
▼大学生アルバイト受け入れ／有り
▼採用担当者連絡先
TEL.095-857-1777（柴田・尾上）
Email nagasaki-saiyo@memolead.co.jp

斎場「大橋メモリードホール」。長崎29カ所をはじめ、全国に170カ所の葬儀場、結婚式場を持つメモリード。冠婚葬祭で基盤を作り、次は保険事業で大きく羽ばたこうとしています。

「それは創業以来の我が社のやり方です。そのために当初目標を１００億企業としました。現在は５００億突破したので、次の目標は１０００億。それだけ収益が上がると時代の変化に応じた新しい挑戦をする体力がつきます」

代表の思いは、社員も共有しているのですか。

「毎週の役員会では必ずメモを出しますし、全社員の給料明細とともに身近に感じたことを文章にして配布します。言葉と違い文章は残ります。トップの考えを社員が知ることで、方向性が整ってきます」

入社3年目くらいの若手を店長クラスに抜擢する人事も、メモリード独特のスタイルですね。

「意外とね、やらせればできる。中学の運動部のキャプテンと同じですよ。まかせることで責任感が生まれ、少々失敗しても必ず成長できます。優秀な人材を多く抱えれば新規事業もやりやすくなります。企業の成長は社員の成長なくしては実現しません。大切なのは『人』ですから」

「一番ダメなのは行動を起こさないこと。行動を起こし汗をかいて動く、長崎にもそんな若者が増えて欲しいですね」。吉田代表は長崎の若者にそうエールを送ってくれました。

NAGASAKI WORK STYLE 21

メモリードグループ

2日間ご遺族につきそい、一方で全体を見渡しながら葬儀の司令塔に。気配り上手な女性に向いている仕事です

周りはベテランスタッフばかり。まずは名前と顔をおぼえてもらうことから始めました

谷口柚香さん

「わたしからあなたへ」。毎月の給料明細書に、吉田代表のメッセージが記されていることに驚いたという谷口柚香さん。早稲田大学卒業後、化粧品メーカーでの勤務経験のあるUターン組です。

「以前の会社では社長は遠い存在で、会ったことさえありませんでした。メモリードは代表と社員の距離が近く、トップの意向や目標を共有できます」

谷口さんはなぜメモリードへ就職したのでしょう。

「新卒で最初に入った会社で和歌山県に配属され、知り合いが誰もいない土地で寂しい毎日でした。一方で長崎の両親からは帰っておいでと言われ、決心して長崎で再就職を探している中で、この会社

葬儀のお道具を並べ、灯明をともす谷口さん。白のラインの制服にふさわしく姿勢の良さが際立ちます。メモリードが女性スタッフを登用するまでは、この業界は男性中心の世界でした。女性らしい細やかな気遣いや心使いが、近年の評価につながっています。

斎場のエントランス。従来の斎場のイメージをくつがえす、ホテルのようなしつらえです。

が多角展開をしていることに魅力を感じました」

長崎支店施行部とはどういうお仕事ですか?

「葬儀全般ですね。最初、葬儀＝暗いイメージがあったのですが、先輩が『誠心誠意尽すことで、ご遺族に感謝してもらえる素晴らしい仕事よ』という言葉に興味を持ちました。今配属されているのはご遺族に2日間付いて通夜やお葬式のサポートを行う『式担当』という仕事です。ご遺族の悲しみを考え、なるべくご負担にならないよう、ご希望を伺いながらサポートします」

入社2年目で、責任の重い役回りですね。

「その一方で、全体の司令塔としての役割も担います。葬儀は多くの専門スタッフの連携が必須で、次を考えながらスタッフに指示を出して動くのですが、つい目の前のことでいっぱいいっぱいに(笑)。最初は苦手意識もあって無我夢中でしたが、スタッフは年上のベテランが多くて助けてもらいながらこなしています。お通夜、告別式が終わって、ご遺族に『あなたに担当してもらってよかった、ありがとう』と言っていただき感無量になります。先輩がたの言葉が実感できました」

キャリアの積み上げが自身の力となる葬儀の世界。谷口さんの今後の成長にも期待がかかります。

I'M ENJOYING MY LIFE

内緒で飼った犬に父親が大激怒!!

大学、最初の就職と県外生活6年間を経ての長崎Uターンに、ご両親も大喜び。

「実家通いなので楽させてもらっています」

そんな谷口さんの目下の楽しみは最近飼い始めたポメラニアンを、散歩や大村のドッグランに連れ出すこと。

「私が飼いたいと言いだして、母と妹に相談して決めました」

あら?お父さんは?「実は父は大の犬嫌いだったので、計画は父に内緒で強行突破でした。自宅に連れ帰った時は大激怒でしたね! でも今では誰よりも溺愛していますよ」

そこまで織り込み済みとは、さすがです。

4日勤務で1日休み。年に1回はリフレッシュ休暇も取れるのだそうです。愛犬とも遊べますね。

LET'S ENJOY LIFE

株式会社 森谷商会

建設機械からイベントハウスまで ハードとソフトの両面から まちづくりを下支え

PROFILE

森谷八郎さん

代表取締役社長

1995年に森谷商会の社長に就任。当初は建設資材や機械の販売・レンタルなどが事業の中心だったが、その後は時代の変化に合わせて拡大を行なっている。長崎・熊本に15ヵ所の支店や出張所を持つ。桜町に本社があったが、長崎大水害で現場の作業が増えたことに合わせて平間町に移転。

創業から70周年を迎える森谷商会は、建設用の機械や資材を扱う総合商社。離島を含む県内全域の幅広いエリアに事業所を設けており、縁の下の力持ちとして長崎のまちづくりをハード・ソフトの両面からサポートしています。森谷八郎社長のお話です。

「販売・サービス・レンタル。この3本柱を中心に事業を広げてきました。道路やビルなど建設現場への機材貸し出しはもちろん、最近はイベント用の大型ハウスの貸し出しなども行っています。今後は農業や林業、水産業に関する商品を扱える体制を目指しており、どんどん多様化していますね」

時代のニーズを的確に捉えて、事業を少しずつ広げてきたんですね。

「中でも創業時から変わらず大切にしてきたのが、和の精神です。会社のみんながお互いに他人事と思わず、助け合える環境が大事なんです。会社そのものがみんなの家。ま

株式会社森谷商会
長崎県長崎市平間町1361
TEL.095-837-1223(代表)
https://www.moritanisyokai.co.jp
■設立／1948年9月
■代表／代表取締役社長　森谷八郎
■資本金／3 000万円
■社員数／130名
■初任給／165,000円～(通勤費別途)
　ただし、雇用形態、業務、年齢に応じ変動

■休日休暇／年間96日(2017年度実績)
■福利厚生／社会保険・厚生年金・雇用保険・確定給付企業年金(退職金制度)他
昨年は70周年を記念して『ハワイ旅行』
▼インターンシップ受け入れ／無し
▼大学生アルバイト受け入れ／無し
▼採用担当者連絡先
　TEL.095-839-4957(円田)

システム化や省電力化、環境面まで考えて機材を提案。ニーズに応えられるよう、各種大型機械から小物まで、様々な商品を扱います。

ず社員が第一ですよ」

森谷商会は各事業所をひとつのチームとして捉えて評価。成績がプラスになった事業所は、全員にその利益分を還元するような形をとっているそうです。「頑張った分はきちんと評価する。それが会社全体のモチベーションに繋がっています」と話す森谷社長。お互いにコミュニケーションをとりながら、切磋琢磨できる環境が自慢です。

近年は建設業界のIT化が求められており、ニーズも常に変化しています。現場の機械にも新技術が導入され、GPSを搭載して正確に位置情報を把握できる機械もあるのだそうです。また女性作業員も増えているなど、環境の変化が見受けられます。そんな時代だからこそ、より柔軟な人材が必要だと森谷社長は考えています。

「もちろん専門的な技術も必要ですが、まずは人柄。ある意味のんびりしているというか、まっすぐな人がいいですね。うちの会社は人材が安定していて素直な社員が多く、よく社外の方からも褒めていただきます。これも、おそらく社風みたいなものですね」

働きやすい環境を大切にする会社としての姿勢が、随所に感じられました。

NAGASAKI WORK STYLE 22

株式会社
森谷商会

本音で言い合える関係だから チーム全員で協力して 仕事に励んでいます

現場はどれも違います。臨機応変に対応できる力を身につけたいですね

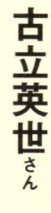

古立英世さん

長崎支店で営業を務める入社5年目の古立英世さん。主に資材や機械の販売を担当しています。

「土木部を持つ会社に訪問したり、実際に現場監督の方と打ち合わせをして、工事の日程や進捗に合わせて搬入時期を決めることもあります。現場で求められるのは、臨機応変な対応力。商材も大きいものから小さいものまであって、現場の規模もさまざまです。納期を把握した上で、幅広い状況に対応することが求められます」

入社当初は右も左も分からない状態でしたが、現場に足を運んで少しずつ覚えていったといいます。営業をする上で大切なのが信

森谷商会はレンタル事業も行なっており、工事現場の機材だけではなく、イベント用の大型テントも貸し出しています。取り扱い商品のバリエーションの豊富さも強みの一つです。

頼関係。古立さんは、担当の方に合わせて接し方も工夫しているそうです。

「仕事と関係ない話ばかりすることもありますよ。人対人なので、相手のペースに合わせられるようにしています。すぐに結果が出なくても、苦労しながら覚えた方が身にしみます」

あくまで前向き。熱心に勧めた商品を選んでもらえた時には、大きな達成感があるそうです。

ところで、森谷商会の魅力の一つは、事業所ごとの団結力です。古立さんが所属する東長崎支店もチームワークが自慢。

「分からない社員には積極的に先輩が声をかけるし、他の支店に負けるなって励ますこともあります。もっと良くしようと考えた意見を、素直に言いやすい環境です」

古立さんは中途採用で、もともと地元長崎での就職を目指して転職活動をしていました。

「コミュニケーションが円滑な今の職場は、自分に合っていると思います。今後はこれまでの公共工事だけではなく、環境産業などといった新しい分野にも取り組んでいきたいですね。やってみないことには分からないですけど」

そう話しながら、さらなる活躍を目指しています。

現場の規模や期間によって、求められる機械の種類や機材の数、搬入のタイミングも異なります。古立さんは直接現場に足を運び、現場監督と話し合います。時にはうまくいかないこともありますが、今ではきちんと人間関係を築いて、信頼される営業マンとして活躍しています。

I'M ENJOYING MY LIFE

昔からの友人たちとツーリングを楽しむ

休日のリフレッシュ方法は、自分でカスタマイズしたバイクでのツーリングだと話す古立さん。一人でバイクに乗るのが好きで、休日に仕事から離れて快適にリフレッシュができています。

「予定を合わせて友だちともよく行きます。最近は近場が多いですけど、泊まりがけで遠方まで行くこともありますね。以前は、熊本までツーリングしました。景色がすごくきれいでしたよ」

学生時代の友人とは年に2回程度のペースでツーリングをしているそうです。「お互い生まれ育った地元の長崎市で仕事をしていると、予定も合わせやすいですよね」

昔からの繋がりを大切にしながら、趣味のバイクを存分に楽しんでいます。

LET'S ENJOY LIFE

海岸延長
全国1位

海岸線が一番長いのは全国2位。
1位は北海道なんだけど、コレは北方領土込み。
国土として利用できる「海岸延長」ということになると、
長崎県の4,183kmが堂々の1位なのだそうです。
（2014年環境省統計集より）

空気のきれいさ
全国1位

自動車排出ガスの主な成分の環境基準達成率、
長崎県は100%だそうです。

車そのものの進化と車の保有台数もからむのでしょうか。

ちなみに川のきれいさも全国1位だそうですよ。

（空気:2013年度環境省の一般環境大気測定局の測定結果報告より。川:同じく公共用水域水質測定結果より）

全国ランキング、長崎はこれが日本一

長崎のまちの個性は、一般的に言われるよりもっと複雑です。

全国ランキングを細かく調べてみると、いくつもの面白い一面が出てきました。

ありがちな「まち自慢」とはひと味違う、数字が語る長崎の魅力とは？

GASAKI

25歳以上の
釣り人口
全国1位
当然、海岸線が長ければ釣りも盛んってことで、大人の釣り人口は124,000人。
釣りが趣味の人が長崎転勤になると、天国だっていうのもわかります。
長崎新聞も釣りページ、大きいですもんね。
(2016年社会生活基本調査より)
No.1 NA

カステラ消費量全国1位

県外への手土産にカステラ。旅行者に持たせるのもカステラ。

お礼にカステラ。お見舞いにカステラ。お詫びにもカステラ……??

自分の家用に買うことはめったにない、もらい物の王道がカステラ。

どのブランドを買うかで誠意も表現できる、いわば「カステラ」言葉が存在しますな。

なんと長崎人がカステラ購入に使うお金は年間6268円。

これは全国平均(889円)の約7倍(笑)。

2位の石川県と比べても4倍以上とダントツなんです。

(2012年総務省家計調査より)

全国ランキング、長崎はこれが日本一

No.1 NAGASAKI

文化財指定等の件数全国1位

長崎を歩けばお宝にあたる。重要文化的景観や重要伝統的建造物群保存の地区数は
長崎県は11件と全国平均3.3件の3倍以上。

特に南山手や東山手の旧外国人居留地界隈は、洋館も残っていて町並みが美しいんですよね。

これに加えて長崎市が抱える世界遺産の構成資産も「明治日本の産業遺産」で8件、

「長崎と天草地方のキリスト教関連遺産」で3件とたくさんあります。

(2015年文化庁ホームページより)

明治日本の産業遺産　端島(軍艦島)

男性医師数 全国1位

長崎県の男性10万人あたりの医師数は508.95人。もっとも少ない埼玉県(241.79人)と比べても倍以上。長崎大学医学部の存在感でしょうか。診療科別にみても外科医師数2位、内科医師数5位、また、診療所数3位(病院8位)。いざというときを考えるとこういう数字は高い方がいいですね。(2014年厚生労働省の医師・歯科医師・薬剤師調査より)

砂糖消費量 全国2位

1位じゃないけど

出島を通した海外交易で、長崎にざくざく入ってきていた砂糖。貴重な品なだけに、昔からお金代わりに流通していたといいます。かつて料理人の世界では、甘味が少ないことを「長崎が遠い」と表現したという話も、さもありなん。そのせいかどうか、長崎の料理は甘いとよくいわれます。長崎のスーパーは、売り出しになると砂糖を安くすることが多いんですよね。(2008年総務省家計調査より)

出生率 全国3位

1位じゃないけど

長崎県の出生率は1.66で、全国3位。ちなみに平均値は1.42。しかも産婦人科医の数は全国6位、認定こども園の数も全国6位、延長保育実施施設数は全国3位。おしなべて、よそよりも「子育てしやすい」といえるのではないでしょうか。

(2014年厚生労働省人口動態調査)

家計に占めるバス代 全国1位

バス通学通勤定期代や高速バスなど、年間でバスに使うお金が一番高いのは長崎県で16,152円と、全国で唯一1万円を超えています。全国平均である5,752円の2.8倍といいますから、相当なもの。データは県庁所在地でとっているため、これはほぼ長崎市の実態といえます。主要道路をたくさんのバスが走るのを見て観光客が呆然と「長崎って…バス多いよね…」とつぶやくこともしばしば。これに路面電車が加わるのですから、コンパクトシティの中で公共交通の利便性はかなりなもの。バス通勤・通学の割合も全国2位なのです。(2016年総務省の家計調査より)

姉さん女房率 全国1位

こ・これは……美魔女が多いってことでしょうか?　それとも年下男性を甘えさせるのがうまい女性が多いってことでしょうか。それとも年の差なんか気にしない熱烈恋愛が多いってことでしょうか。謎……。全国平均の24.2%と比べると、長崎は27.4%。九州は全体的に姉さん女房率が高いとか。一番低いのは岐阜県で21.9%だそうです。

(2015年人口動態調査特殊報告より)

犯罪発生の少なさ 全国3位

1位じゃないけど

犯罪発生率とは人口10万人あたりの刑法犯認知件数。これが長崎県は430.7件で全国で3番目に少ないのです。全国平均は952.2件ですから、1/2以下。逆に、刑法犯検挙率は55.4%(全国平均30.6%)と全国5位。これは犯罪が少なく安全で安心に暮らせるまちである一つの証でもあります。おまわりさん、ありがとうございまーす!

(2014年長崎県調べより)

紹介企業INDEX 業種別

NAGASAKI

WORK STYLE

ナガサキでの働き方22

編　集　長崎文献社編集部

取材・執筆／川良真理　山下睦美　大口直子　藤本明弘　藤村志乃芙

編集進行／川良真理

デザイン／三浦秀樹

モデル／小谷 緑

取材協力／史跡出島　旧内外倶楽部　ブック船長

発行日　2018年8月1日　第1刷

企　画　長崎市商工部産業雇用政策課　長崎文献社

構成・制作　長崎文献社

発行人　片山仁志

編集人　川良真理

発行所　株式会社長崎文献社

〒850-0057　長崎市大黒町3-1　長崎交通産業ビル5階

TEL095-823-5247　FAX095-823-5252

ホームページ　http://www.bunken.com

印　刷　株式会社 シナノパブリッシング プレス

ISBN978-4-88851-298-5　C0460